Marguerite Duras

杜拉斯
永远的情人

梵 一◎著

ARTTIME
时代出版
时代出版传媒股份有限公司
北京时代华文书局

图书在版编目（CIP）数据

杜拉斯：永远的情人／梵一著．—北京：北京时代华文书局，2016.6
ISBN 978-7-5699-0950-0

I.①杜… Ⅱ.①梵… Ⅲ.①杜拉斯，M.（1914—1996）–传记 Ⅳ.①K835.655.6

中国版本图书馆 CIP 数据核字（2016）第 111293 号

杜拉斯：永远的情人

著　　者｜梵　一

出 版 人｜杨红卫

选题策划｜黎　雨

责任编辑｜胡俊生　余荣才

装帧设计｜张子墨

责任印制｜刘　银

出版发行｜时代出版传媒股份有限公司 http://www.press-mart.com
　　　　　北京时代华文书局 http://www.bjsdsj.com.cn
　　　　　北京市东城区安定门外大街 136 号皇城国际大厦 A 座 8 楼
　　　　　邮　编：100101　　电话：010-64267120　64267397

印　　刷｜河北信德印刷有限公司　　电话：0316-3153096

开　　本｜880mm×1230mm　1/32

印　　张｜9.5

字　　数｜179 千字

版　　次｜2016 年 7 月第 1 版　　2024 年 1 月第 2 次印刷

书　　号｜ISBN 978-7-5699-0950-0

定　　价｜46.00 元

序　我们不能停止爱

　　20 世纪的法国文坛曾经遭遇过一件前所未有的尴尬之事：一个知名的女作家在面对媒体时，总是口无遮拦地评价男女之事，甚至宣称"如果我不是一个作家，我会是个妓女"。

　　这一尴尬事件的主人公就是杜拉斯，一个凭借《情人》和《广岛之恋》而享誉世界的另类作家。细究起来，她不属于任何文学流派，但很多人喜欢她、崇拜她、研究她，甚至将她视为终生的文学情人。

　　杜拉斯的一生漫长而充满传奇。对于她来说，生命中只有两件事是最重要的：一是爱情，二是写作。

　　正如"一千个人眼中有一千个哈姆雷特"，人们对于爱情的理解，亦是如此。但之于杜拉斯，爱却简单极了，她的爱不是哪一个具体的人，而是爱情本身。

　　这个爱着爱情的女人，遇见她生命中的第一个男人时只有 15 岁，那时她还生活在交趾支那的土地上。他和她不是青梅竹马，不是门当户对，而是中国富少与法国情妇的关系。他给她金钱支持，鼓励她写作；她亦陪伴他，将童贞交给他。但这段恋情注定没有结果，最后，她带着创伤永远离开了湄公河。直到五十多年后，她才有勇气谈起这一次的遇见，于是，《情人》出现在世人的眼中，成为文学史上的一朵奇葩。

　　回到法国后，漂亮、叛逆的杜拉斯情事不断，丈夫罗贝尔·昂泰尔姆就是她前一个情人的朋友，三人之间甚至还有过一段复杂的三角恋情。然而，她和罗贝尔虽然志趣相投，拥有共同的文学爱好，却终究没能携手白头。原因就是两人各自出轨了，罗贝尔爱上了一个年轻的女人，而杜拉斯则对英俊的迪奥尼斯·马斯科罗迷恋不已。先是地下情，再是明恋，直到杜拉斯发现自己有了孩子，她终于做了决断，选择和孩子的父亲迪奥尼斯在一起。至此，她和罗贝尔维持了九年的婚姻宣告结束。对杜拉斯而言，这是一段充满纠结的时光，但也是这段时光让她走上了文坛之路，并创作出《厚颜无耻的人》《抵挡太平洋的堤坝》《琴声如诉》等众多作品。

　　只是，迪奥尼斯也没能成为她最终的伴侣。这个对爱情充满疯狂激情的女人，又遇到了同样疯狂的热拉尔·雅尔罗，他们一起在夜里游荡，沉溺在酒精中，互相殴打。混乱的生活最终以雅尔罗的去世而终结。杜拉斯并没有伤心，因为雅尔罗在感情上一直在背叛她，即使最后的死，也是死在别的女人床上。

这之后的很多年，她身边的男人换来换去，直到扬的出现。这个男子比杜拉斯小 39 岁，是个同性恋，但他却带着对杜拉斯的崇拜之情，一直陪在她身边，照顾她。他的爱软弱却充满温情：他充当杜拉斯的出气筒，始终没有逃开；在杜拉斯重病时，他为她洗澡、洗头发，一勺一勺地喂饭；他细心记录她每次大便的颜色，在她大小便失禁后帮她洗睡衣和换床单……正因为扬的无声陪伴，杜拉斯才能在去世前都保持着写作的热情。

从出生到离开，可以说，杜拉斯一直都被爱包围着。她对爱情上瘾，同样也对写作有着一种永不褪色的激情。正如她所说："活着而不写东西，这怎么可能呢？"

她到处搜寻着写作的素材，从她的记忆深处，也从咖啡馆和商店里，或者是陌生人的谈话中，甚至是报纸上的奇闻趣事，也都难逃她的思维搜捕。她编织着故事，或真或假；她叙述文字，唯美或是凄凉；她创作戏剧，也拍电影，将对文字的爱发挥得淋漓尽致，让它们充斥在舞台上、影像里和对白之中。

写作成了她的第二生命，她可以不睡觉，却不能不写作。即使是重度昏迷，在潜意识中，她依然在构思着剧情；而刚刚醒来，她做的第一件事就是寻找纸张，继续未完的文字。她笔耕不辍，一生创作了七十多部作品，是一个高产而优质的文学巨匠。

她的思想非常丰富，对生命、死亡和爱情，总是有着独到的见解。于是，无论是谁，只要读着她的文字，一定会产生这样或那样的触动：孤独的爱、疯狂的行为、苦难的折磨、求而不得的烦恼、性爱的美妙、理想的生活以及毁灭一切的决绝等等。

浮光掠影，白驹过隙，尘世总是充满变化，但是，杜拉斯却是经得住时间检验的作家。有人曾经因为她的爱情观，反感她、咒骂她，但是她的文学思想就在那里。"作为一个女人，你可以爱她，也可以恨她；而作为一个作家，她的艺术魅力无可抵挡。她是一位可以永远被阅读的作家，她的文字和她的面容一样，留给我们的是一种苍茫而恒久的美。"

杜拉斯，她离去了，但她的灵魂尚在人间。

正如她自己所说："当一个作家死了的时候，只是肉体去了，因为他已在自己的每一本书中。"

目录

CONTENTS

第一章

湄公河的呼唤

相遇在交趾支那

湄公河，一个富有诗意的名字，一条蜿蜒雄美的河流。

1929 年的夏天，湄公河依旧沐浴在一片恬静之中。在金色的霞光里，在摇曳的水波中，一艘古朴而笨重的渡轮伴随着轰鸣声，缓缓行驶着。它从交趾支那（今越南南部）的大平原而来，那是一个遍布泥泞、盛产水稻的地方，到处充满着浓重的乡土气息和热带风情。此刻，渡轮载着嘈杂的人群，正在远离岸边，向寂静而轻柔的水中央缓慢地驶去。

渡轮上有着宽阔平坦的甲板，亦有老旧厚重的船舷，在甲板中间则停放着一辆破旧的巴士，四周的人们大多带着琐碎的物品，三五成群地聚集在一起谈天说地，即便是落了单的人，也扎推在人群之中。唯独她，一个戴着平顶男士草帽的年轻姑娘，独自靠在船舷上眺望远方。你只需瞧上一眼，便可以发现，这个女孩很美。尽管她的真丝连衣裙磨损快透明了，头上搭配的帽子不伦不类，脚上穿的那双点缀着廉价亮片的鞋子也沾着污泥，但这并不妨碍她在别人眼中的美，是一种眼里张扬着恣意的美。

女孩或许并没有意识到自己的迷人之处，她只是将一只脚踏在栏杆上，带着一丝魅惑打量远方。这个时候，一个穿西装的男人从她后面的黑色利穆轿车里走出来，然后犹豫着走到她身边。她没有回头，依然沉浸在自己的世界中。时间静静流逝，终于，他忍不住了，从怀里掏出一个精致的烟盒递到她面前问道："打扰一下，你抽烟吗?"

这是他和她的初次相遇，在交趾支那的湄公河上，在连接沙沥和西贡的渡轮之中。

这个女孩，便是许多人所熟知的《情人》里的主人公简，亦是其作者玛格丽特·杜拉斯在少女时期的缩影。然而，美丽、叛逆、充满诱惑的简完全等同于玛格丽特本人吗? 这个风靡全球的法国女作家为何会出现在遥远的越南呢?

一切的故事，都要从玛格丽特的父亲和母亲说起，是他们为她带来了"越南女孩"的标签，也赋予她这一段独特的经历，以至于她在梦里，在老年的回忆中，时常会回想起荡着柔光的湄公河和有关越南的一切痛苦和快乐的经历，以及浓得化不开的异国乡愁。

众所周知，玛格丽特以"杜拉斯"的署名而闻名全球，但她最初的姓氏却是陶拉迪欧。这个姓氏来自她的父亲亨利·陶拉迪欧，一个英俊的地道法国男人。玛格丽特经常让母亲出现在作品中，但却很少提到父亲亨利，但这并不妨碍父亲成为她最崇拜的人。

亨利出生在法国西南部的一个小城市——洛特新城，那儿没有首都巴黎的繁华富庶，也不如工业城市马赛那样欣欣向荣，并且那里的每条街道，每个角落，都充满着小城市的杂乱气息和朴素的乡村风情。不过亨利出生两年后，洛特新城出现了变化，不仅成为大区最大的市场之一，城内城外的交通也逐渐完善起来，将封闭的小城市延伸到外面的世界中。

伴随着洛特新城的日益繁荣，亨利也在一天天长大。尽管他来自平民阶层的家庭——父亲是个鞋匠，祖父是个农民——但长辈对他的教育问题却非常关心。亨利本人也是一个努力的男孩，他在 16 岁便通过了小学教师从业资格的考试，获得了不具有官方性的初级资格证书。在当时，拥有这个证书，便意味着有了在小学里教书的敲门砖，生活是非常安逸的。只是，亨利并没有选择留在小学里当一个临时的授课教师，或许他觉得自己学到的知识难以游刃有余地教书育人，或许是他当时有了更加雄心壮志的计划，他最终在家人和老师的支持下，参加了师范学校的入学考试。

那一年的夏天，亨利如愿以偿地成为了师范学校的一名优秀学生。三年之后，他从学校顺利毕业，接受了由教育局局长亲自颁发的"小学教师资格证书——高级资格证"，同时被任命为马斯阿让男子学校的教师。他成了政府承认的公职人员，这在当时是个优越的职业。此后，他在教师的路途上一直走着，从小镇升迁到区，又从法国，来到了交趾支那。

那个时候，交趾支那是法国的殖民地，从欧洲而来的统治者在贫穷和充斥着分离与忧伤的土地上建造了一个又一个新兴的城市。然而这些还不够，为了达到对殖民地的充分占领，他们从本土迁来了大量人口。就像法国当局宣传的那样，他们要在法国之外的遥远亚洲，建立另一个幸福的乐园，也为人们提供发财致富的机会。

大批的法国人被鼓动了，他们纷纷离开自己的故乡，启程前往未知的国度。在这些人中，既有统领殖民地事务的行政官员，也有富有的大庄园主，他们依靠橡胶、热带水果等"绿色黄金"，积累了更多的财富；还有一部分中等收入的教师、翻译等知识分子也怀着这样或那样的梦想，跟着迁移的人群而来。这其中，就包括在法国担任教师的亨利。

其实，亨利作为一个教师，到越南并不能够像庄园主那样迅速创造出巨额财富，至多就是职位更加高了：从法国一个普通的小学教师转变为越南嘉定师范学校的校长，同时拥有管理四个法国教师和五个本土教师的权力。有人肯定会想，为什么亨利会选择离开繁华的故国，要踏上未知的地方，去面对前途未卜的人生呢？毕竟亨利留在法国，以他的资历和勤恳的作风，即便不会立即得到升迁，未来的职业道路也会一帆风顺。

玛格丽特后来对这件事进行了推测："法国北方的农村简直是要闷死了，因此他们非常向往皮埃尔·洛蒂笔下的那份神秘色彩。……他们一道去请求投身殖民地教育，接着他们被委派到这个叫做'印度支那'的大殖民地去了。"此外，亨利生活的洛特新城所具有的浓厚贸易气氛和冒险氛围也深深影响了他，更何况他还如此年轻，去充满神秘的异国生活对他来说是一次难得的经历。就这样，在1905年，亨利带着他的妻子阿丽丝和孩子背井离乡，一起来到了陌生的西贡嘉定。

而玛格丽特的母亲玛丽·勒格朗到达交趾支那的历程也是充满了传奇色彩。玛丽同亨利一样，在法国时就已经结婚了。不过她对第一次婚姻的态度很让人费解，她嫁给了同村的一个贫穷小伙，却在他成为商人后选择了独自去冒险。于是1904年的11月，她离开丈夫，离开法国，踏上了开往越南的轮船。六个月后，她便孤身一人站在了交趾支那的土地上。此时，她是一个年近三十的女人，没有亲人在身边，更没有人能够帮助她，但是她并没有在意这些，到交趾的第二天，她便根据出发前与法国政府签订的合同，去学校报到了。就是在越南担任教师的时候，她认识了同在教育圈子里的校长亨利。

年轻英俊的亨利与玛丽相遇前，已经有了贤惠的妻子和两个可爱的儿子，但他对玛丽依然一见钟情，之后便展开狂热的追求。当时，玛丽对亨利的炽热追求有没有回应，已经没有人能够说清楚了。然而，似乎是命运有意让他们结合，在玛丽到达交趾支那两年左右的时间，她收到书信才知道留在法国本土的丈夫去世了，自己成了一个寡妇。与此同时，亨利则被告知，他在西贡的妻子阿丽丝病危，没多久，便也去世了。

一个是鳏夫，一个是寡妇。

他和她的精神世界更加接近了，更何况，他们原本就拥有相同的冒险理念，拥有相近的生活圈子，而他，又是那样地喜欢她，迷恋她。

两人的结合成为了一种必然，尽管亨利当时还在服丧期，尽管他的朋友很不喜欢玛丽，甚至认为玛丽嫁给亨利是一种高攀，但是两个人还是不顾别人的异样眼光，在 1909 年 12 月 20 日举行了婚礼，当时距离阿丽丝去世才过了五个月。

玛格丽特的父母无疑都具有自己的追求和理想，且行动上特立独立，丝毫不顾世俗的眼光，这样的性格后来也深深影响了玛格丽特，让她成长为一个另类的、叛逆的女子。

仿佛是命中早已注定一般，玛格丽特的父母在交趾支那相恋，结婚，生子。而玛格丽特也在这里成长，遇到她生命中始终难以忘怀的情人。甚至有人说，没有越南的这一段经历，玛格丽特便不会成为后来令人瞩目和享誉全球的作家杜拉斯。

小镇嘉定的平凡生活

　　玛丽和亨利结婚后的第二年，他们的儿子出生了。尽管这不是亨利第一次做父亲，但有了和玛丽的结晶，他还是非常兴奋、开心，并为孩子取名"皮埃尔"。这个胖乎乎的新生儿得到了父母的百般爱护，一个摄影师记录了他出生不久后的场景：在嘉定的一处温馨的房屋后花园中，玛丽穿着简单的白布裙子坐在躺椅上，怀中抱着穿着同色上衣的儿子，她面带微笑，眼睛里更是满含深情。

　　从这张黑白的照片中便可以看出，亨利和玛丽的婚后生活非常幸福、甜蜜。皮埃尔出生后，玛丽没有中断工作，此时她已经是学校里的主讲教师。但是，玛丽的工作地点在西贡，而亨利则在嘉定当校长，为了能够和丈夫住在一起，她从西贡搬到了嘉定。从这一点来看，玛丽就比亨利的前妻阿丽丝聪明多了，宁愿每天早晨乘坐蒸汽有轨电车往来于西贡和嘉定之间，也要留在丈夫身边。

　　幸运的是，这样两地奔波的生活没有持续多久，很快她就被调到了亨利在嘉定任职的同一所学校当老师。于是，她和亨利一起上班，一起下班，每天的生活充实、稳定而安详。

到 1911 年 12 月，两个人在殖民地的服务期限相继到期了，不过他们在回法国进行短暂的探亲后，便又携手回到交趾支那。这年的圣诞节，玛丽顺利产下第二个儿子保罗。一切都看起来非常美好，他们是志同道合的夫妻，有着乖巧可爱的儿子，工作稳定体面，收入虽然不如庄园主那样丰厚，但是对于过正常的生活显然足够了。

作为一个校长，亨利在嘉定的口碑非常好，无论是他的下属，还是上司，都对他称赞不已。西贡的总督甚至评价道："他培养了优秀的当地小学教师，这些教师也都得到了人们的赞誉。"

事情出现转折是在玛格丽特出生前的几个月。那是 1913 年 12 月 16 日，嘉定教育机构的负责人写信给交趾支那的总督，举报亨利以职务之便获取额外利益。举报信中提到：

> 经过调查，我非常荣幸地向您证实这样的事实，嘉定师范学校的校长亨利·陶拉迪欧先生私自在学校为校长提供的居所里招收了一定数量的付费寄宿生。这 9 名寄宿生每个月上交 80 美元的补习费用。

总督对亨利进行了批评，认为他没有申请就私自在政府为他提供的住房里招收寄宿生是不符合规定的，并让嘉定教育机构的负责人对亨利提出严重警告。不过总督对亨利还是比较看好的，他同时也指出，亨利虽然是一个教师，但是有权在课余时间补课。

事实上，招收寄宿生和为学生补课的人并不是亨利本人，而是他的妻子玛丽。在玛丽看来，这些殖民地的孩子没有机会正式到名额已满的学校里读书，是一件可悲的事情。她觉得自己可以为他们做些什么，更何况，通过这些额外的补课，她可以为家庭带来更多的收入。

亨利当然是支持妻子的，即使是受到了总督的批评，他也没有改变主意。在给总督回复的信中，他表明了自己的观点：

> 我并没有去请这些学生，我没有做任何广告。面对他们的请求——他们处在困境之中，绝无可能继续上学——我认为接收他们是对公立教育最有利的补充。……这些学生中有3人打算留学法国，继续深造，希望通过长期与我们的接触了解法语和法国人的风俗习惯。孩子的家境也很好，把他们安置在师范学校很有必要。

总督和教育机构的负责人当然不会允许亨利如此挑战他们的权威，在收到这封大胆的反驳信之后，他们再次对他发出了行政警告。不过，亨利和玛丽依然没有妥协，他们同意在学期结束后让一些学生回家，不过同时也表明，一旦学生在学校外面租好了房子，他们并不会放弃教育这些孩子。

或许玛丽如此坚持，更多的是受到了利益的驱使，但不可否认，她和亨利的坚持不懈、不轻易放弃，在当时所起到的作用具有十分大的意义。更何况，在殖民地分化的社会结构中，一个白人教师能够不顾种族、肤色和阶层的差别，坚持教授学生，为他们创造更好的学习环境，这样的行为即使在今天看来都是值得敬佩和难能可贵的。

到后来，这种寄宿行为也延续到他们的女儿身上，在玛格丽特上学时，她也住在了一个教师家庭里，尽管那个教师并不像她的母亲那样负责任。

亨利夫妇的让步，促使因私自招收学生而引起的风波很快就平息了，玛丽也再次面临分娩。1914 年 4 月 4 日凌晨四点，在嘉定的房屋中，玛丽在丈夫的陪伴下生下了他们第一个女儿玛格丽特。那一天，没有特别的事情发生，玛格丽特就这样静静地来到世界上，但是在几十年后，她却成为了法国文坛的骄傲，成为与日本的村上春树、中国的张爱玲等并称的国际知名作家。

厄运，突然降临

玛格丽特出生仅六个月，她的母亲玛丽便病得非常厉害。西贡的医生为她进行了全面检查，发现她同时患了关节炎、疟疾和肾病，心脏也不是很好。交趾支那的医疗设施十分落后，医生建议她回法国治疗。就这样，玛格丽特刚出生不久，她的母亲便离开家人独自回到法国休养、看病。

好在病情并没有进一步恶化，在法国的图卢兹军事医院进行治疗之后，玛丽的病得以康复。没有多做停留，她立即搭上轮船，返回交趾支那与家人团聚。她本以为，生活可以回到之前那样幸福和安定的状态，她可以和丈夫一起将三个孩子抚养长大。却不曾想到，她的病好了，丈夫的身体却一天比一天衰弱。

亨利时常头痛，不断地经历肺出血、肠绞痛和严重的痢疾。反复出现的疾病将他折磨得难以集中注意力，也严重影响了他的教学事业，这从 1915 年上级领导对他的评语中便能够看出来："陶拉迪欧先生是个好校长，然而这一年他健康状况不佳，先后患病……放松了师范学校的日常管理工作，疏忽了对本地老师岗前的教学培训。"尽管报告认为"这种失职尚属首次"，但是因为生病的原因，亨利的确在工作中力不从心。

到玛格丽特出生后的第二年，殖民地的卫生委员会直接向亨利发出了"必须立即回法国疗养"的警告，而总督也为他批了半年的病假。当年的 5 月 5 日，亨利便搭乘游轮回到法国。可见，幼小的玛格丽特在出生后便没有享受到安定的家庭生活，她的父母一直处于生病、分离当中，对她的照顾自然不能与两个哥哥相比。亨利的离开，让玛丽不得不独自担负起照顾三个孩子的责任。不过为了能够待在丈夫身边，她在随后不久便以身体有恙为由，拿到了医生的证明，同亨利一样获得了半年的假期。

她稍作整顿，便带着三个孩子从西贡登上了"内拉"号邮轮。这是玛格丽特第一次搭乘邮轮，第一次远渡重洋，第一次与她的祖国产生联系。母亲玛丽买的是头等舱，但玛格丽特当时并没有意识到所谓的头等舱代表什么，她很小，还不能自己走路。有一张照片显示了当时的场景，像瓷娃娃一样可爱的玛格丽特穿着绣花白裙，头发还很短，小辫子上的头绳松垮垮地缀着，正坐在木质童车里。不过她的眼中，已经显现出与年龄不相符的自信与张扬，即使是她那靠在童车旁边的两个哥哥，仿佛也失去了活力。

大约一个月的海上航行，轮船到达马赛。亨利拖着生病的身体，亲自到马赛将妻子和三个孩子领到洛特新城。然而，这并不意味着一家人团聚了。

那个时候是 1915 年 6 月份，欧洲正在经历第一次世界大战，几乎每一个男人都需要走上战场，而亨利刚从殖民地回到法国本土，便被征入伍了。幸运的是，由于他有病在身，同时又是五个孩子的父亲，他没有被送到战火纷飞的前线，而是成为了后勤部队的一名人员。此后他一直在部队服役，直到 1916 年的 5 月，法国、英国等组成的协约国在战场上所处的形势越来越有利，法国大范围减少在战场上的士兵人数，亨利才得以退伍。

此时，玛丽从上级那里获得的假期已经有过一次延期，但为了能够与丈夫团聚，她多次以疾病为由要求延长在法国停留的时间，最后成功使休假期限延长到了 1917 年 6 月份。这样，她和亨利便有了真正团聚的时光。

与当初雄心壮志地去殖民地教书的心情不同，此时的亨利和玛丽只想留在法国过安定的生活。然而，很多时候，生活并不是那么随心所欲的。经过两次体检，医生开出的诊断书上均写道："阑尾炎，属陈旧性，已经痊愈；疟疾病有所改善，肝脾已经正常，肠功能和相关脏器功能已经恢复。"简而言之，就是亨利的身体已无大碍，能够胜任殖民地的工作。

当年的 6 月 20 日，亨利夫妇带着玛格丽特和她的两个哥哥再次回到了交趾支那，不过亨利和玛丽在嘉定师范学校的职位并没有保留下来，早在两人先后回法国看病时，这所学校就因为"面临整顿"而暂时停课了。面对归来的亨利，殖民地当局任命他为一所中学的班主任。毫无疑问，从校长到班主任，这是一次令人尴尬的降职，更何况职务的升降在西贡非常受到人们的关注，消息的传出，一片哗然。

亨利觉得面子上有些过不去，他一面前往指定的学校办理入职，另一面则不停地找殖民地当局理论，找总督讨说法。在他的奔走之下，殖民地当局最终修改了调令，让他从 1918年 1 月 1 日起担任河内宗主中学的校长。对于亨利一家来说，这次任命无疑是令人兴奋的，亨利不仅恢复了校长职位，而且河内宗主学校比嘉定师范学校的规模大了许多。就这样，亨利带着妻子和孩子离开西贡，心满意足地踏上了去河内任职的路途。这一年，玛格丽特 4 岁，她虽然不知道为什么父母总是频繁地迁移，却也在这种变动中渐渐成长起来。

　　此时的河内，已然不是三十年前散发着臭味的破败地方，而是已经有了巴黎式的繁华。在主干道上，豪华的发廊、香水店、咖啡馆鳞次栉比，穿着体面的人更是频繁地出入其中。不过，他们在这座被称为"热带小巴黎"的城市仅仅停留了不到两年的时间，亨利在河内宗主学校的校长职位便岌岌可危。因为总督认为他"更适合担任小学校长一职"，而另外调了一位教师前来担任宗主学校的校长。

　　其实，工作的变动事出有因。首先，早在亨利刚刚到达河内时，他在没有向上级报备的情况下，就擅自带着妻子和孩子前往缅甸度假。要知道，在当时如果没有得到上级的正式批准，他无论如何都不得离开印度支那的联邦本土。尤其是这件事情还被总督发现，于是，亨利在总督心中留下了不好的印象。其次，在1919年，发生了一件更为致命的事件：宗主学校内出现了大范围的游行示威活动，并在殖民地引起了轩然大波。这令殖民当局非常难堪，于是，作为校长的亨利便被当成了替罪羊，成了对示威活动处理不力的直接责任人。再加上他的妻子玛丽个性要强，总是与人闹矛盾，甚至被有心人指责说"过多地参与了学校的管理事务"。

　　就这样，亨利一家在河内的两年安逸生活结束了。离别的时候，他们在河内的湖滨之畔拍摄了一张"失望的照片"。在这张照片中，玛丽板着脸，面容疲惫，目光无神；而玛格丽特和她的两个哥哥全都衣衫不整、头发凌乱。显然，他们的状态并不是很好。

尽管心中十分不愿意在不同的城市之间反复漂泊，亨利一家却不得不踏上下一站的征程——去金边。在那里，亨利和玛丽分别成为了两所不同学校的校长。

此时，玛格丽特6岁了，她的童年生活一直在流浪中度过，没有固定的住所，没有固定的朋友，甚至无法去学校念书。她一直待在家里，白天由仆人照料，傍晚由下班后的母亲亲自教导。她非常聪明，凡是母亲教授的知识都能够迅速接受和掌握。

相对于母亲对孩子们的照料和教育，亨利对孩子的教育已经力不从心了，繁琐的学校事务让他陷入莫名其妙的疲惫之中，一直无精打采，甚至一度因为没有力气而中断工作。

1921年3月份，亨利病重，卧床不起，最后被紧急送上"智利"号轮船，回法国进行抢救。那时他是一个人离开的，他的妻子玛丽为什么没有陪伴在身边，其中原因至今依然不得而知。医生经过几个月的检查，但他们完全不知道亨利的病根，只能观察到亨利在一天天消瘦和衰弱，甚至可以说是正在走向死亡。

亨利似乎也意识到自己时日无多了，于是在没和医生打一声招呼的情况下就从医院离开，回到了他在法国杜拉斯镇购买的房屋，当时陪伴在他身边的是前妻生的两个儿子。他整日躺在床上等死，这种折磨一直持续了一个半月，最后他于1921年12月4日平静地离开了世界。

玛丽是在金边收到丈夫的死讯的，正如多年前她得知第一个丈夫去世时一样，悲伤浸入骨髓。她不相信这个消息是真的，一定要亲自核实，但无论是从法国发来的电报，还是殖民地行政署的回复，都表明，她的丈夫再也不会回来了。

这一年，玛格丽特 7 岁。年幼的她对父亲的骤然死亡完全没有概念，不过此后她的生活却发生了翻天覆地的变化，不仅仅是父爱的缺失，还有很多很多。

争产风波与纠纷

玛格丽特父亲的死亡，在许多人看来都是一个谜，他生前拒绝一切医疗措施，死后也没有死亡证明，以至于在他去世五年之后，交趾支那的总督还在猜测，亨利是否还活着。

然而，对玛格丽特的母亲玛丽来说，没有死亡证明，就会引起很多的困难，包括无法领到抚恤金。在很长的一段时间内，她不得不反复向殖民地的行政署证明自己的丈夫去世了，自己是一个寡妇。为了得到一张死亡证明，身处交趾支那的她要一直与法国的医生不停周旋，最后她实在乏了，退了一步，只要一张通融证明。

事情并没有就此结束，关于遗产的分配也让人非常纠结。亨利前妻生的两个儿子让和雅克，也是法定的继承人，但亨利并没有留下遗嘱，这导致财产分配成了一个很大的问题，而为了维护让和雅克的权利，亨利的弟弟罗歇也参与到了财产的争夺之中。双方通过电报交流了初步想法，不过显然没有达成一致。

1922 年夏，玛丽所在的学校课程告一段落，她立即向上级提出请假申请，要回到法国处理相关事务。根据总督府签发的文件可知，"在交趾支那待满 5 年零 10 天，便能够享受到 10 个月的行政休假"。因此，玛丽的休假申请很快就获得了批准，她带着三个孩子启程回法国争夺遗产了。她并不是一个淡雅、与世无争的女人，更何况她和丈夫的另外两个孩子完全没有感情，她觉得当前最重要的事情就是赶在那两个孩子之前，清算丈夫留下的财产。

这一次回法国，8 岁的玛格丽特已经记事了。她的母亲买的是头等舱，餐厅、浴室、音乐厅、阅览室等均装修考究，环境优雅，这在玛格丽特的心中留下了深刻的印象，所以当后来她们一家的生活越来越困难时，玛格丽特对往昔的怀念之情自然是不言而喻的。

轮船到达法国后，玛丽反而不着急了，她领着三个孩子先在法国北部进行了为期一个月左右的探亲，之后才回到丈夫亨利在法国购买的普拉提耶庄园。

这座庄园由土地、农场、建筑、粮仓、花草树木等构成，占地广阔，规模宏大，是一座相当不错的地产。玛格丽特虽然没有父亲的陪伴，不过生活总体上还是安定无忧的。她在农场里肆无忌惮地奔跑，在煤油灯下看书、写作业，也到果园里摘果子吃，甚至还有了自己的小伙伴。或许在她眼中，一切还和从前一样。

玛格丽特当然不懂母亲的忧愁和焦躁，对于父亲的财产，她更是没有概念，也不知道争夺遗产会遇到什么样的麻烦事。她同父异母的哥哥——让和雅克，不久之后也来到庄园里，让很懂礼貌，他对玛格丽特一家表示了热烈的欢迎。然而，表面的和气并不能说明什么，遗产分配才是双方最关注的问题，也是矛盾的焦点。

根据当时的法律规定，亨利的遗产属于"夫妻关系共存续期间的共同财产"，因此玛丽还是占了很大的优势。而公证局首先清点的就是夫妻共有财产，既包括在交趾支那的财产，也包括在法国的动产和不动产。好在玛丽比较精明，在来法国之前就已经通过金边法院对夫妻共有财产做了登记，节省了许多时间。

尽管如此，清点工作依然持续了三天才完成，在最终得到的清单上，罗列的物品五花八门，即使是瓷器、桌子、灯罩等小件物品也被囊括在内。1922 年 10 月，玛格丽特的母亲在名为"财产因所有人亡故需转移的声明表格"清单上签了字。清单上显示亨利留下的遗产数量庞大，大约为 12.5 万法郎，其中普拉提耶庄园就估价为 5 万法郎，而庄园内的家具和其他物品约为 2.5 万法郎。

　　遗产的分配，到此时也有了最终结果，由于亨利没有留下遗嘱，因此玛丽作为他的妻子，不仅是夫妻共同财产的直接受益者，也是唯一有资格"继承亡夫5个孩子的财产"的人。然而，法律这样规定，实际情况却非常棘手，让和雅克并不是玛丽的孩子，甚至可以说双方毫无感情。而对于玛丽来说，如何保证自己和自己的3个孩子有个美好的未来才是首要的。

　　另一方面，亨利的弟弟罗歇也想参与到获得利益的行列中，他作为让和未成年的雅克的法定监护人，支持两个侄儿立即进行财产分割。在得知两个侄子的抚恤金要从玛丽的总抚恤金中提取后，他给法国负责人和殖民地总督分别写了信，言辞激烈地指出这笔由玛丽申请的抚恤金工作可能会被无限期延迟，因为亨利前妻生的两个儿子一直由法国的亲属养育，玛丽完全不会考虑他们的生活。

　　玛丽和罗歇为此还打起了官司。实际上，玛丽也想尽快获得抚恤金，但是丈夫的死亡证明文件一直没有下来，她也没有办法拿到这笔抚恤金。而随着休假截止期越来越近，她有些着急了，知道遗产分割不能这样无限期拖延下去，否则问题会越来越多。但事情不是她想解决就可以立即决断的，双方互不让步，官司只能继续拖延。无可奈何之下，她只好故技重施，以生病为由将自己的假期延长了6个月。

　　为了防止财产分割生变，玛丽只好忍痛决定，和丈夫前妻的两个儿子拍卖普拉提耶庄园，共同分享拍卖金。这场拍卖在当地引起了轰动，买家和凑热闹的人纷至沓来，他们为展出的具有异域风格的各种家具和物品所惊叹，也为亨利的品位深深折服。

拍卖结束后，法院的最终审判结果也出来了，玛丽被宣布为"普拉提耶庄园唯一的最终拥有者"。只是，她为了打赢这场官司究竟花了多少钱和精力，只有她心里最清楚。

作为玛丽的女儿，年幼的玛格丽特当时还不知道母亲整天奔走在法院是为了什么。不过在成年之后，她谈到父亲去世后母亲的状况："关于后来的时日，她从来不愿谈起。她说那时非常艰难，至今她还在寻思，自己究竟是怎么摆脱困境的。"显然，玛丽失去丈夫后并不好过。她不遗余力地为遗产奔波，是自私、占便宜的心思作祟，但从另一方面来说，这也是一个单身母亲的无奈、现实和悲哀。

依然要回到殖民地

时光飞逝，在法国的两年时间很快就过去了，玛丽再也不想回到殖民地了。她是土生土长的法国人，只是当初因为受到宣传海报的蛊惑，因为冒险的天性，她才选择到交趾支那服务。经历两任丈夫的去世，在不停变动、漂泊和反复辗转的生活中，她终于觉得累了。人到中年，又是三个孩子的母亲，她想要安定下来。

迫切地想留在法国，可是当初签约的合同却不能轻易更改。除非病得不能走路或死亡，否则她只能继续履行合约。玛丽不甘心，她说自己确实病了，记忆力严重衰退，在殖民地患上的慢性疟疾也再次复发。不过口说无凭，分管殖民地工作的负责人要求她提供证明，结果，法国的医生却做出了完全相反的结论：陶拉迪欧夫人从现在开始完全可以适应殖民地的生活了，她应该立即回到岗位上去。

所有可能皆被斩断，玛丽知道不能违抗命令，必须要回到殖民地岗位上去。满怀着希冀破灭的哀怨，她于 1924 年 6 月领着三个孩子，再一次地搭上了去交趾支那的轮船。

这一年，玛格丽特已经 10 岁了，对于离开法国她没有过多的伤感和不舍，在她心里，交趾支那似乎才是她的故乡，而法国成了旅途的暂居地。在缓慢航行的轮船上，她虽然能够感受到母亲的心事重重，却也没有放弃欣赏美丽的风景。这个喜欢海景的小姑娘，始终将自己沉浸在沿途一个又一个迷人的景色之中。

再度返回旧地，玛格丽特的母亲完全提不起任何兴趣，她考虑最多的还是现实问题，关于她的孩子，关于工作，也关于未来。她不想再去金边了，她对这个遥远的地方完全没有好感，她是在那里收到丈夫去世的消息，回去，只会更加伤心。为了未来考虑，当客船靠岸时，她便立即给殖民地的总督写信，请求对方将自己的工作安排在河内。不过当客船再次靠岸时，她得到答复，依然要去金边任职。

　　玛丽不甘心，打算再次写信表达自己的诉求和希望，不过还没等信寄出去，客船就开了。等到达西贡时，一切皆已成定局，无法改变。就算再怎么闹腾也没人搭理，玛丽只能带着三个孩子继续前行，在临行前她给总督写了一封充满绝望的信：

　　　　如果我是孤身一人，当然很乐意到金边就职，因为我曾经在1921—1922年间担任诺罗敦学校的校长，我非常喜欢这个职业。但我有三个孩子，其中两个儿子分别是14岁和13岁，他们已经结束了六年级的课程，金边根本就无法让他们继续接受教育。另一方面，我原先在金边所任的校长一职已另有他人继任，所以，尽管我有一定的级别和资历，我还是不得不和我的孩子住在旅馆里，我的工资差不多全都要花在旅馆费上了。而在河内工作，就没有这些麻烦，因为我有自己的住房。最后，总督先生，我丈夫死于1921年，他在第一次婚姻中生有两子，其中一个尚未成年，我因此有许多麻烦……我从20岁起就在殖民地工作，我对于交付给我的工作，以及在儿童教育方面一直恪尽职守，而现在，正是我自己的孩子需要得到帮助的时候，他们的前途不应该受到影响。

　　总督被玛丽字里行间的悲凉基调感染了，他委托殖民地当局进行调查。不过在结果出来之前，调令依然有效，她还得去金边工作。

来到金边后，玛丽发现之前在金边担任校长期间的一套职务住房，此时已经分给了另一位女教师，也就是她的继任者。不得以，玛丽只能带着三个孩子住在价格不菲的宾馆里。一切的一切都只是为了所谓的面子和一个白人校长应该有的体面，尽管她在旅途中已经花费大量钱财。

很快，玛丽就发现了新的问题，那就是金边的同事似乎不是很欢迎她的到来。事实上，情况的确如此，早在得知玛丽休假结束要继续回来工作的消息后，金边的教育局长就通过私人关系让负责交趾支那公共教育的领导，把玛丽调到其他地方工作，只是为了安排和他关系近的弗洛朗坦夫人——玛丽的继任者。

被上级领导排斥显然是对玛丽不利的，更何况此时正值总督派人前往金边的学校调查玛丽的工作事情，这个调查结果关系到她是否能够成功调任，或者继续担任校长。同时，不光是教育局长，连玛丽的其他同事也在这件事上给其以无情的打击，他们声称玛丽并不是一个很好相处的人，并认为她在金边工作期间，名声非常糟糕，对学校的教育造成了混乱和不团结。

敏感的玛丽很快就意识到自己的处境不好，她感受到周围的背叛和恶毒，觉得自己生活在一个充满阴谋的氛围里。她试图采取挽救措施，与同事交流，让他们为这件事作出澄清，但是所有的人装出一副很惊讶的样子，逃避她。就算教育部门召开代表会议，对强加在她身上的罪名进行调查和对质，也没有什么改变。她的同事还是对此保持沉默，没有一个站出来发表对她有利的言论。

所有的办法都想了，接下来只能被动地等待消息，玛丽把自己和三个孩子关在旅馆中，哪里也不去，什么也不想，一直过着消极、噩梦般的生活。

玛格丽特是这件事的亲历者，虽然因为年龄小，不懂得当初的原因，但是在成年后，她还是对母亲的遭遇表达了深切的愤怒："我母亲害怕为国家做事的人，她总觉得在他们面前无论做什么都是错的。"玛格丽特在此后的一生中，一直都坚持认为行政部门的做法不公平，并在文中将母亲列入殖民地制度的倒霉受害者的行列。

不过，结局往往出人意料，她不仅没有因为负面评价受到处罚，反而获得了实际意义上的提升。她被调到一个新的地方——永隆工作，尽管下一站不是梦寐以求的河内地区，但是总比继续待在充满悲伤气息和矛盾交织的金边好。

第二章

抵挡太平洋的堤坝

从永隆开始的童年

　　如果说河内是繁华的小巴黎，那么永隆便是简单宁静的小乡村，是一个停滞和沉睡的世界。这儿是交趾支那的水稻之乡，河流遍布，大片的原始森林将这块土地装点成了广阔的绿色家园，它是鸟儿的天堂、是宁静的乐土，一切看起来都是温和的，甚至有点懒洋洋的感觉。

　　玛格丽特一到永隆，便被深深地吸引了。她喜欢这里的气息，也享受乡下原始简单的氛围。不过，她的大哥皮埃尔却没有机会与她共享这样的乡村生活了。

　　自从玛丽知道不可能回到河内后，便把皮埃尔送回了法国，安排神甫做其法定监护人。这样的决定在玛丽看来，是最好的选择。

　　她是一个要强的女人，希望自己的儿子将来拥有一个很好的前程，而落后的永隆根本不能满足儿子的教育需求，所以只能把皮埃尔送回法国。只是，假如她知道皮埃尔最终会走上什么样的道路，会不会后悔没有把儿子留在永隆呢？

　　在越南的历史上，永隆一直是一个重要的战略要地。当玛格丽特和母亲来到这里时，它已经成为法国人建立起来的殖民地。它是一个小城，人口大约为 18 万，其中大部分人口还是当地的安南人。在永隆，欧洲白人的聚集地和其他地方不太一样，他们建造了笔直的街道，居住的房屋中有花园、栅栏、网球场，甚至连流淌的河流也成了他们取景的一部分。

　　玛格丽特母亲任职的学校，属于一所规模比较大的小学。校舍是围着古树参天的操场建起来的平房，风格像一战后交趾支那建立的大部分校舍。屋顶由红瓦构成，并向外延伸形成一个拱廊型挡雨屋檐；墙壁被涂成淡淡的白色，与永隆的黄色民房相区别。在校园左侧，还矗立着一栋看起来很舒适的房屋，这便是学校留给玛格丽特母亲的住房，因为出色工作的她是这所学校的校长，手下管理着 7 名欧洲籍正式教员和 11 名聘用教员。

　　母亲能够安定下来，对一直漂泊不定的玛格丽特来说，心中也终于有了一种归属感，而永隆似乎才是她童年生活真正开始的地方。

早就到了入学年龄的玛格丽特，并未去过学校上学，一直由母亲亲自教育。而在这个安定的地方，她终于可以接受法国传统的宗教教育了。像当时大多数法国孩童一样，在神甫的见证下，她接受按手礼，成为了一名教徒。

从玛格丽特的种种表现看，人们并不认为她是一个"正常"的教徒，她虽然和母亲一起去做弥撒，但在弥撒结束后，总督夫人告诉她的母亲，这个女孩的目光太过狠毒、犀利，不是一个教徒该有的。

事情是否真的像总督夫人说的那样尚未可知，不过对玛格丽特来说，每周日做弥撒的时候是放松、休闲的时刻，因为总督夫人会邀请白人聚会。小玛格丽特这时候虽然还不知道如何参与到社交生活中，不过能够在做弥撒后迎着晚霞玩耍也是一件很快乐的事情。

虽然表面上看玛格丽特一家似乎已经融入了永隆的白人圈子，但实际上他们还是生活在边缘的一类人，因为玛格丽特的母亲并不讨人喜欢，受到大家的排斥、孤立。这并不是一件奇怪的事情，对于失去两任丈夫的玛丽来说，她的寡妇身份让人轻视，再加上她性格暴躁，经常抱怨、发牢骚和训斥别人，这样的性情的确难以让人喜欢。

不管怎样，在这里，玛格丽特一家的生活得以稳定，她们维持了白人富有者的生活状态，这从他们为散步而购买的马车也可以看出来——马车采用两匹马拉着，装饰华丽，还有专门的车夫。当傍晚来临，玛格丽特就和母亲、哥哥坐到马车上，沿着隆胡渠的道路散步，那里景色很美，绿荫掩映，是休闲散步的好去处。

在游玩的时候，玛格丽特从来不像哥哥那样一心贪恋玩耍，她这时已经有了自己的想法。在一次郊游的时候，她突然告诉母亲说她将来想当一名作家。

玛格丽特后来回忆当时的场景说："我记得我 12 岁那年的一个晚上，给母亲说了这番话。我们买了马车，就去乡间散步，由于天气太热，每次散步都会持续好几个小时。我每次都是单独和她散步，我告诉她'我要写书，这是我想做的事情'。"

不过，玛格丽特的母亲并没有在意孩子的言论，只是报以微笑。她不知道的是，女儿并不是随便说说，这个小女孩早有冲动，想要迫切地将内心的想法以文字的方式表达出来。

在永隆的稻田、森林和河流之间，玛格丽特渐渐长大了。她在这片地区待了四年的时光，从她留下的一些照片中可以看到，她经常光着脚奔跑。

在一张站在佛塔下拍摄的照片中，她穿着白裙子，赤脚站在台阶上，样貌已褪去了野孩子的形象，头发梳理得非常整齐，脸上也化了妆，表情若有所思，对于她当时的年龄来说，甚至有些过分凝重了。

她的确早熟，还是小女孩时，就对疯癫的女乞丐充满了兴趣。

这个女乞丐没有家，终日游荡在街道上，夜晚则睡在学校操场的番荔枝树下，或者是其他什么地方。她最初到达永隆的时候，身上还背着一个女婴，但婴儿不知是卖掉了，还是送人了，总之，她很快就成了一个人。她时常哭叫，也会突然放声大笑，或者在半夜里跟在人们后面，追着人的影子跑。

玛格丽特就曾经被这个女乞丐追过，当时她吓坏了，只知道拼命地向前跑。最后，她成功甩掉了女乞丐，但是，女乞丐哭嚎的声音却充斥了她整个童年，成为她忘不掉的声音。后来，当她成为作家，女乞丐也变成了一段信手拈手的素材，她不断地刻画女乞丐的形象，仿佛这样便能减轻对方的苦难。

从根本上来说，玛格丽特是没有童年的，她在如此年幼的时候就开始敏感地观察身边的世界，感受人们的快乐或者不幸，然后记在心中。这是她的成长，更是她的不幸。

暴力的哥哥回来了

永隆的生活，是安静的，亦是古朴的，间或还有着一些令人恐惧的或是意料不及的事交织在其中，让生活不至于那么平淡和乏味。这样的时光，在玛格丽特的心中是那样的舒适，让人难以忘怀。然而，令玛格丽特没有想到的是，安定的生活马上就要结束了，因为大哥皮埃尔回来了。

　　在玛格丽特的记忆里，皮埃尔一直都不是很好相处的兄长，他是备受母亲宠爱的长子，却霸道蛮横，经常欺负她的小哥哥保罗，也对她大吼大叫。所以，当初母亲因为永隆的教育条件落后，决定把皮埃尔送回法国念书时，她心中完全没有不舍，只觉得解脱和轻松。可是，现在这个令人讨厌的兄长又回来了，甚至变本加厉地做着坏事，完全像个渣滓一样。

　　对于大哥的无耻行为，玛格丽特在小说《情人》里有这样几段描述：

　　　　我的两个哥哥经常无缘无故地打架。大哥说弟弟你真讨厌，滚出去。话没有说完，就已经动手打了。他们互相扭打，什么话也不说，只听到他们气喘吁吁。……这个大哥不仅在家里，而且在任何地方都要逞凶作恶。

　　毫无疑问，皮埃尔是一个自私而又暴力的人，他凭借年长和身强力壮，经常无端责骂自己的弟弟和妹妹，抢夺他们的食物，甚至动手殴打他们、恐吓他们。至于保罗，却是一个软弱的男人，面对大哥的欺凌，既无法保护自己，也无法保护年幼的妹妹，而且总是摆出一副哭哭啼啼的样子，甚至还需要玛格丽特来安慰。

　　玛格丽特是勇敢的，她不像保罗那样恐惧皮埃尔，而且在心中对大哥没有一点好感，甚至诅咒他去死，希望他从来没有存在过。她曾以充满愤恨的笔触写下了这样一段惊世骇俗的话语："我想杀人，我那个大哥，我真想杀死他，我想要制服他，哪怕仅仅一次，一次也行，我想亲眼看着他死。"

从玛格丽特的内心来说，她对皮埃尔的讨厌并不是没有缘由，她很早就缺失父爱，而且母亲经常带着全家漂泊，母爱就像浮云一般，看似在身边，却触摸不到。再加上她的母亲总是阴晴不定，心中也毫无理由地喜欢长子皮埃尔，这让玛格丽特觉得一切都是那样让人觉得失望。至于说长兄如父更是一个笑话，他除了欺负自己和保罗，还会做什么呢？

皮埃尔是一个当之无愧的流氓。他在法国读书，却为何会突然中断课程回到落后的永隆，不得不让人怀疑。有一种说法是他回来是为了看望生病的母亲，但这并不是真实情况，根据玛格丽特的叙述，尽管母亲当时的身体不是很健康，但还到不了需要皮埃尔在没有经过行政署批准的情况下就私下回到殖民地探亲的程度。

真的是为母亲的身体担心吗？皮埃尔当然没有这份孝心和感恩之心。他肯放弃繁华的法国生活，而选择回到落后的殖民地，仅仅是他没钱了而已。他要回来依靠爱他、宠溺他的母亲，只有在这里，他才能像寄生虫一样不劳而获地生活。

皮埃尔回殖民地时只带了一件行李，更确切地说，他只有这一件行李可以带。他一无所有，至于他在法国的学习经历也一直是一件令人费解的事情，就算刻意去查，也未能知道他在法国究竟是念的什么书。他可能是在巴黎某所中学学习，也有可能在巴黎附近的某所学校学习，但他在法国念书的四年时间，甚至连中学的毕业证书都没有拿到。而在玛格丽特心里，更是认为皮埃尔根本就是在法国游荡："他好几年留在法国机电学校读书，其实他并没有入学。"

不管怎样，皮埃尔的到来，最高兴的非玛丽莫属。她把最无私的爱、最好的食物给他，甚至当这个大儿子欺负另外两个孩子时，也是不闻不问，只有在皮埃尔的行为特别出格时她才会管一下。

母亲明显偏袒的态度，让玛格丽特非常伤心，她不知道同样是一母所生，为什么差别就那么大？就算是质问母亲，也得不到具体的答案。后来玛格丽特长大了，她在作品中不断描写在殖民地的生活，描写母亲的事情，也揭露皮埃尔的种种行为，她甚至做出了惊世骇俗的推测：她的母亲之所以这样喜欢皮埃尔，是因为她对他有一种迷恋，皮埃尔身上的恶劣因子和霸道都让母亲着迷。

或许作为一个女儿，一个晚辈，玛格丽特不应该这样评判自己的母亲，但是对此却没有其他更好的解释和原因了。她的母亲真的倾尽一生都在为这个长子奉献着，以至于她和玛格丽特本来可以过上更好、更安定的生活，却也因为这个不成器的、令人恶心的长子而变得那么狼狈，那样悲惨，甚至是一生都受到这种阴影的影响，不得安生。

皮埃尔带来的不幸在他刚回到殖民地时不久就体现出来了。他打着探病的名义回来，实际上却不关心他的母亲，整日整夜不在家，而是一门心思地游荡在鸦片馆中。

在当时的殖民地，吸鸦片是一件蔚然成风的事情。无论是家财万贯的富人，还是一贫如洗的穷人，都沉醉在这种云雾缭绕中。鸦片馆从外面看是黑漆漆的小屋子，走近时会飘出热巧克力的味道。然而，就是这不起眼的小店，却吸引了很多人的向往，乃至沉迷。他们在鸦片馆里侧身躺着，用一种木质的长烟斗吞云吐雾。

玛格丽特的哥哥就在沿河的一家鸦片馆里打发日子，他很少回家，回去也是为了要钱。起初，玛格丽特的母亲会大方地给这个大儿子零花钱，她觉得毕竟是男孩，会有自己的花销。然而，久而久之，即使她再宠爱儿子也发现了其中的不正常，儿子要钱太过频繁了。她开始发现皮埃尔在吸鸦片，在挥霍她辛苦赚来的钱，于是她降低了给大儿子零花钱的频率，再说她也没有那么多钱让皮埃尔过花花公子的颓废日子。

经济来源的中断并没有妨碍皮埃尔过着醉生梦死的生活，要不到钱，他便会去骗、去偷。为了吸鸦片，他不仅偷母亲的钱，偷弟弟保罗和妹妹玛格丽特辛苦攒下的钱，就是家中的仆人他都没有放过。这个废物一般的男人，他难道从来就没有想过家人的感受？哪怕只要有一点良知，他就不应该也不会做出如此厚颜无耻的事情。

玛格丽特的母亲绝望了，她和女儿在夜里抱头痛哭。尤其是玛格丽特，她非常难过和不满，不光对大哥，对母亲也是。她高声指责母亲过度宠爱皮埃尔，才造成了现在这样痛苦的局面。不过她马上就向母亲道歉了，她请求母亲原谅，然后又和母亲一起继续痛哭。

可是，哭又有什么用呢？只要流氓一样的人活在她们的世界中，苦难就会一直存在。或许是到了忍无可忍的地步，玛格丽特的母亲终于决定再次将长子送回法国了。

是梦想，还是现实

在玛格丽特一生所写的作品中，多次提到她的母亲玛丽。甚至一些作品还专门以她的母亲为主线写作而成，比如那部著名的《抵挡太平洋的堤坝》。

玛丽的确是一个奇特的人，她的坚毅、顽固甚至到了令人费解的程度。无论是她从一个落后地区的农家女成长为一名教师，还是当初离开第一任丈夫而义无反顾地来到殖民地，以及她对赚钱事业的执着追求，从中都能看到一个固执坚守的灵魂。

她似乎对金钱有一种难以形容的迷恋，总是想方设法地去赚取更多的钱财。比如在学校里私自接收有钱的寄宿生，在伊甸影院里弹钢琴，创办法语学校，养殖动植物……似乎她能够胜任的赚钱方法，都做到了。

其实，玛丽的小学教师身份在殖民地虽然不会让她大富大贵，但至少保证了他们一家具有稳定的收入来源。即使是一个寡妇，也不至于为衣食住行担忧。然而，玛丽似乎并不满足于此，她想成为一个富人，一个领取固定薪资的小小公务员是难以满足她的，否则当初也不会踏上交趾支那的土地。

特别是当她觉得生活不如意，被寄托厚望的两个儿子的表现也让人失望时，她便又开始设想未来，迫切地想要发财。这种渴望甚至比以前更加强烈，她不仅是为了自己的远大抱负，也为了孩子们，她想要为他们提供一个有保障的、富裕的生活环境，特别是那无所事事的大儿子的后半生。

就在有这种想法时，交趾支那的殖民地也出台了一项法令，即特许经营土地政策。这种土地其实是一种罪恶的存在，因为它们是法国行政当局从殖民地的本土居民那里抢夺而来，然后再分配给梦想成为大地主的白人的。这条法令的实施，让玛丽可以免费得到三百公顷的土地，不过玛丽想要的是一座王国，三百公顷显然难以满足她成为亿万富翁的梦想。

玛丽向殖民当局申请，请求获得更多的土地，在她的一再坚持下，行政署同意再另外给她三百公顷，只是这一次并不是免费的，而是以拍卖的方式获得。玛丽似乎是着魔了，为此她不惜卖掉了在河内的房子，同时也将她当教师时攒下的微薄积蓄和历经百般波折才领到的抚恤金全部拿出来了，只为了得到这一块土地。

这个时候，严苛的行政调查，繁琐的手续，堆积如山的文件，一切都不是问题，玛丽以极好的耐心一一配合着。在土地还没划分下来之前，她已经想好了怎么去规划自己的王国了，她想象着自己的土地是在太平洋边，那儿有美丽的海景可以欣赏，待她经营土地的空闲时期还可以走到沙滩上散散步。

等待土地期间，玛丽的工作出现了变动，1928 年 9 月，她从永隆被调到了沙沥，成为一所女子学校的校长。在当时，沙沥被认为是殖民地最美的城市，它坐落在弯曲的湄公河岸边，到处遍布茂盛的罗望子树、椰子树和野芒果树。而新的学校则在当地的行政署内，外表看起来非常气派，不过里面都是一些破败的小教室。按照玛丽一贯的个性，肯定又会大吵大闹，但这一次她安静多了，因为她还有更伟大的事业需要思考。

经过漫长的等待，土地终于分配下来了，是在叫做"波雷诺普"的地方，距离太平洋仅三公里。这块地距离玛丽一家实在是太遥远了，如果从沙沥出发要一天一夜的时间，而从西贡则要两天两夜。尽管这样，玛丽还是充满激情，她对这片土地已经觊觎很久了。

1928 年底，趁着圣诞节的假期，她带着女儿玛格丽特、儿子保罗，以及一个司机和忠实的仆人阿杜向他们的土地进发。此时，她宠爱的大儿子皮埃尔正在法国念书，没有直接参与到她的伟大事业之中。或许正是因为皮埃尔不在，玛丽才有可能将积蓄拿出来投资。

一辆超载的破车沿着宽阔的平原或是曲折的道路缓慢行进，长途跋涉令他们一行人筋疲力尽。此时保罗已经是个十七岁的大小伙子，经常摆弄猎枪。在路途中有各种猛兽出没，他辨认后便详细向玛格丽特讲解，而一旦有防身需要，他就开枪瞄准这些野兽。说也奇怪，保罗非常害怕大哥皮埃尔，却擅长捕杀动物，真是一个奇怪的人。

一行人穿过稻田、椰树林和槟榔林，向承载着梦想的地方前进。到达目的地波雷诺普后，他们才发现那是一片没有村庄，没有房屋，只有水和沼泽的荒芜之地，而一旦涨潮，只有沿海的红树林才能够露出海面。玛丽有些失望，不过她很快就调整好心情，雄心壮志地投入到土地的开发之中。

土地——这片太平洋彼岸的土地，真正成了玛丽最挂心的事情了。此后，她更是带着女儿和儿子频繁地在沙沥和波雷诺普之间往返。微风中，她似乎看到了沉甸甸的稻穗在招手。

当时 14 岁的玛格丽特每天都会听到母亲在耳边高谈阔论，谈论她对那片土地所具有的期待，也谈论她依靠这片土地成为巨富的梦想。当然，除了倾听，玛格丽特还不能为母亲做些什么。而她虽然不明白母亲对这片荒芜的土地为何如此充满激情，但玛格丽特在内心里也不得不承认，她非常喜欢这儿，比她待过的任何地方都更加倾心。

不同于其他已被开发成熟的殖民地，波雷诺普更像是世界的尽头，是由河流、泥浆等诸多的土地构成的荒原，而森林更是阴森森的，时常有老虎出没。然而，就是在这样苍凉的环境中，玛格丽特却发现她喜欢这种野性的气息。她和小哥哥保罗充分享受着自由的时光，在这里疯跑了一个又一个夏天，而母亲也随他们高兴。他们用网捕鸟，一起爬到瀑布的最上端，还跳入遍布水草的水中游泳。而作为哥哥的保罗，更是教会了妹妹许多课本上没有的知识，他教她如何从声音、气味中辨别动物甚至捕捉它们。

对于玛格丽特和保罗来说，在太平洋岸边的土地上，是他们快乐的年少时光。不过他们的母亲玛丽得到的却只有深深的失落、无奈。

从到达波雷诺普的第一年起，她就雄心壮志地在租借地上种植庄稼。最初的时候，秧苗长得很好，但是到七月份，突然而来的潮汐淹没了整片土地，农作物全部被摧毁。这一次的打击并没有让玛丽灰心，她以为这只不过是一次偶然的事件，是一次特大涨潮而已。不顾当地人的劝说，到第二年，玛丽又在土地上种植了新的庄稼，结果海水又涨了。虽然每次涨潮的高度都不一样，但还是摧毁了庄稼。面对此情此景，玛丽终于不得不承认：她辛苦等来的土地是一块彻底的荒芜之地，是完全不能耕种的。

玛丽悲痛欲绝。这样的现实让她难以承受，如果土地不能耕种，那她的种植园主之梦要如何实现？她成为百万富翁的梦想又将怎样去诉求？她花了很长时间才明白过来，她的致富梦是多么荒唐，完全是一场噩梦。

　　玛格丽特后来回忆母亲的故事，认为母亲还是太过天真了。事情哪有这样简单呢？行政署分配给她母亲的地是根本就不能耕种的，每年都会有很长一段时间淹没在水中，可以说，他们得到不是土地，而是一块沼泽。

　　在玛格丽特看来，这一切并不是母亲的运气不好，其中有着更深层次的猫腻。行政署那里并不是没有可以耕种的土地分配，只是这样优良的租借地需要以两倍的价格才能买到。其中一半的钱偷偷进了掌管地籍管理局中负责分配土地的人的腰包中。对此，玛格丽特表达了深深的愤怒之情："这些官员真正掌握着整个租借地市场，他们变得越来越贪心。他们如此贪得无厌，对任何情况也绝不会有所收敛。"

　　事实上，即使玛格丽特的母亲事先知道这样的情况，想要得到一块好的耕种的土地，她也无能为力，她所有的钱财都已经投入进去了，再也没有多余的钱用于贿赂。

　　就这样，玛格丽特的母亲想要成为一个大种植园主的梦想，在现实的打击下沦为了一个笑话、一个悲剧、一个难以实现的幻想。

筑造太平洋堤坝

　　当玛格丽特的母亲明白租借地的真相后，再也没能控制住心中的悲愤情绪，她跑到地籍管理局大闹，质问他们为什么要给自己分配一块永远也无法耕种的土地，但是职员的解释永远都是按照规定行事。

这样的回复显然不是玛丽想要的，她痛骂他们，威胁说要告到上面。还是没有起到任何作用，地籍管理局的职员们依然事不关己地拿出一副当初负责分配土地的人已经调走了，这一场错误与他们毫不相关的态度来。

玛丽十分不满，确实，一个将二十年的积蓄都投在了土地之中的人的心情怎么会好呢？她坚持不懈地上诉，最后将地籍管理局的官员们惹烦了，他们觉得这个女人实在是太难缠了，如果任由她这么闹下去，早晚会对他们不利。于是，他们想到了更为恶毒的方法，反过来威胁玛丽，如果继续不知好歹，就要将她的土地立刻收回来。

因为特许经营土地政策规定：如果租借地在给出的期限内没有全部耕种，那么地籍管理局有权将租借地全部收回来。显然，他们分配出去的土地中有许多是不具备耕种条件的，因此租地的经营者不能将土地全部用于耕种是必然会发生的事情，而地籍管理局便可以不费吹灰之力就能够将土地收回去，进行下一轮的分配。

对于这种流氓无赖式的分配游戏，玛丽终于意识到自己再也无能为力。她屈服了，不再上诉，而是一门心思地集中到唯一不会被淹没的一块空地，她曾经在那里建造的吊脚楼还未完工，在这期间她已经两次向殖民地的银行申请了贷款。不过，吊脚楼也发挥了自己的价值，玛丽以此为借口，在没有耕种土地的情况下延长了租借地的一年使用期限。

然而，玛丽心中清楚，尽管使用期限延长了，她还是什么也做不成。只要涨潮的情况存在，她的土地就是一片荒地。每天看着吊脚楼一天天在变高，这成了她心里唯一的安慰，在她失去一切钱财的情况下，只有吊脚楼才是真实存在的，孤零零地伫立在沼泽的外围。

在等待吊脚楼建成的过程中，玛丽也没有闲着，她对着沼泽苦苦思索，最后再次激动起来，她说自己找到了解决的办法。既然政府分配给她的土地不能耕种，那她就把它们变成可以耕种的土地，她为此想到的方法是在海边筑造堤坝，抵挡潮水的侵袭。

玛丽是一个固执的人，一旦想法在脑海中形成，便根深蒂固，她坚定地认为这次一定能够成功，而她要做的就是解决没有资金的窘境。为此，她将没有建成的吊脚楼进行抵押，向放高利贷的人借了一笔钱，再次斗志昂扬地投入到建造堤坝的大工程中。

她甚至决定说服沿海所有租借地的经营者，以及那些深受海潮危害的农民。她让仆人将两百多人召集到吊脚楼附近，向他们解释自己的想法："如果你们愿意，我们就可以赢得几百公顷的稻田，而且这一切都不用去求地籍管理局那帮狗崽子们帮忙，我们去修筑堤坝。"

　　农民们对这样大胆的想法感到非常吃惊，一时间完全不知道该说些什么。这也难怪，海潮的侵袭已经存在了几千年，他们早已习惯。更进一步来说，绝望和贫困在他们心中根深蒂固，他们习惯于听天由命、默默忍受。最后，这场露天的会议在无声中结束。然而，不久，农民们便陆续回来了，人数甚至越聚越多。

　　玛丽详细说了自己的计划，这在玛格丽特的作品《抵挡太平洋的堤坝》中也有记载：母亲向他们解释了自己如何修建堤坝。按照她的看法，应该用红树树干给堤坝打木桩。她知道在哪儿可以弄到这种木材。附近就有库存货，道路一旦竣工，这些木材就没有用了。承包人已经向她提议减价转让给她。此外，她独自一人来承担这笔费用。

　　就这样，玛丽在没有向任何技术人员请教堤坝是否有效的情况下，就大刀阔斧地干起来了。她坚信一切都是有效的，百亩良田一定会实现。她将圆木买来，将木材的货款结清，然后只等海水退去后便开始建造堤坝。在等待的过程中她也没有闲着，每天都在修改与农民的合约，甚至给地籍管理人员也寄去了一份计划书。

　　这个时候，她的假期也结束了，不得不回到沙沥的学校继续教书。但每个周末，她都带着两个孩子从沙沥赶到租借地，巡视或者监工。

　　潮水完全退去的时候，修筑堤坝的最佳时刻到了。农民们将木材运到海边，开始夜以继日地劳作，而玛丽就和他们待在一起。她充满希望，和农民谈论自己过去的经历，咒骂地籍管理局的职员是狗崽子，也展望堤坝建成后狗崽子们吃惊的表情。她还告诉自己的孩子，只要堤坝建成了，他们便能够彻底离开这片不毛之地，待在舒适的房屋中等着收成就好。

　　在母亲忙碌的时候，玛格丽特就和小哥哥保罗一起捕猎。看着母亲激动的神情，他们也对一切深信不疑，认为美好的生活即将来临，他们想要的可口食物、长途旅行、花不完的钱，甚至更多的愿望都可以得到实现。

　　经过六个多月的时间，用粗木和泥沙建造的堤坝终于完工。

　　雨季刚一到来，玛丽就迫不及待地在吊脚楼附近洒下了大量秧苗，后来更是把幼苗移植到被堤坝围住的土地中。在玛丽望眼欲穿的等待中，稻子终于一天天长出来了，她安心地待在沙沥，只等最后的收成。然而，意外再次发生了。由于雇佣的农民不满她的专制、严苛，在稻子还没有收成时便悄悄地提前收割了，然后将他们卖给了邻近的庄园主，并在拿到钱之后便逃走了，杳无痕迹。

　　租借地里发生了如此大的事情，玛丽却一无所知。当她在学校放假的时候才回到被她寄托厚望的土地上，以为可以看到沉甸甸的稻穗，却发现那里只是一片狼藉。这一次，她愤怒，心如死灰，但也无可奈何，只能等着来年再次播种新的秧苗。

玛丽不知道的是，她期待的来年，却发生了另一件足以令她精神崩溃的事情。

水稻女王梦的破灭

在堤坝建成的第二年，玛格丽特的母亲早已背负了一身巨额债务，但她没有收手，为了能够及时地在土地上播种，她甚至决定向高利贷借钱，心里想着稻谷的一次收成就会还清所有的债务，也会改变他们贫穷和辛酸的生活。

这一次，她发誓一定要看好自己的土地，不再让雇来的工人占了便宜。她带着玛格丽特和儿子保罗频繁地往来于沙沥和租借地之间，开着那辆没了顶盖和挡风玻璃的破车，昼夜穿梭在崎岖的道路上，即使是森林中冒出的野兽也不能阻挡他们的步伐。

只要有空闲，她就时常下去查看那些日渐发绿的秧苗。她又一次激动起来，兴奋得在玛格丽特和保罗面前手舞足蹈，并告诉两个孩子，这一次一定不会再有意外发生了。

然而，实际情况是如何呢？

到了七月份，凶猛的汛期再次袭来，一瞬间就摧毁了玛丽辛苦建造起来的堤坝，以及那片绿色的秧苗。

事实上，堤坝从建立之日起就不是牢固的，隐藏在泥沙中的螃蟹早已将堤坝啃蚀坏了。再加上海水的上涨，堤坝瞬间塌了。大海吞噬了一切植物，被玛丽寄托厚望的收成在一夜之间就荡然无存，只有那座吊脚楼依然孤零零地竖立着。

天亮的时候，玛丽撑起小船，带着玛格丽特和保罗在这片被淹没的荒地中巡视——整整持续了八个小时。她痛苦，绝望，心中仿佛被撕裂了一般。她依然保留了这块租借地，尽管她知道自己再也不可能在上面种出什么稻谷，不过她还是将它当成了心中仅存的安慰，并时常带着孩子去巡视一番，仿佛这儿成了他们一家在海边的度假地。而玛格丽特期盼的长途旅行，最终也在这片荒芜的土地上消耗着。

种植园主的梦破灭之后，玛丽继续从事她的教书事业。不过，她面临的环境越来越不好了，她在白人圈子里已经彻底处于孤立的状态，这些生活优渥、轻松的白人总认为她独断专行，性格暴躁，甚至她的同事也都在讲她的坏话。

这些都只是表面的痛苦，性格怪异的玛丽从来都不是讨人喜欢的类型，她对这样的排斥早已习惯。而对她影响最大的是，活着的勇气和激情仿佛突然消失了，她被彻底击垮了，对任何事物都提不起兴趣，而曾经的疾病更是再一次来袭。

玛丽不得不整日躺在床上，被失望和忧伤充斥着。这种心病持续了很长时间，让玛格丽特和保罗感到非常害怕，他们深切感受到母亲病得很严重，随时都会离开他们。由于所处的地方偏僻，没有人能够帮助他们，更不要说医生了。

在玛格丽特看来，母亲的症状非常奇怪，有时会无缘无故地大喊大叫，有时会哭泣不止，还有时会陷入不省人事的昏迷状态。经过医生的反复检查，最后诊断为蜡屈症。医生告诉玛格丽特和保罗，母亲患的病不是靠吃药就能够治好的。玛格丽特明白母亲为什么会变成这样。母亲牵挂的土地永远也不会长出稻谷，同时因承包土地和筑造堤坝而欠下的高利贷，更加深了母亲的恐惧。

在这一刻，玛格丽特觉得他们的生活是如此的糟糕，母亲病得很严重，仆人的状态也不安稳。他们是担心一旦母亲去世，便拿不到工钱。所以，每当母亲的病情加重，长久地陷入昏迷时，仆人们就走近玛格丽特一家居住的小茅屋，在不远处的小土坡上坐着，等着。

等待，无论是谁，都在等待着，也只能等待。

好在玛丽最终坚持过来了，她不再没有知觉地昏睡，人清醒了，眼睛里也有了认知，虽然依旧没有光彩，却已经让玛格丽特和保罗很开心。于是生活似乎又回到从前的样子，仿佛叫喊、怒吼和绝望从来都没有存在过，而堤坝也没有坍塌一样。

但是，玛格丽特很快就发现，一切还是变了。母亲比以前更加喜怒无常，白天始终在睡觉，晚上则不停地算账，与人交流时也只能以大喊大叫的方式，否则就是沉默不语。而一旦她觉得身体稍微好起来的时候，就又开始折腾那片没有希望的土地。她没有成为水稻女王，便幻想着成为香蕉女王，尽管知道那是一片不毛之地，尽管堤坝被冲毁，她还是在上面种植了香蕉，想象着有一天香蕉树会结出不一样的果实。不仅如此，只要是植物，她就喜欢尝试着种植，看它们长出绿色的叶子，然后再被潮水侵袭。

母亲在荒地上自娱自乐，在玛格丽特看来还只是一件比较普通的现象。

堤坝的坍塌，给玛格丽特带来的最直接的影响，她成了母亲的出气筒，只要母亲不痛快或者母亲认为她做错事的时候，她就会受到责打。

在《抵挡太平洋的堤坝》一书中，玛格丽特将自己化名为苏珊，详细描述了母亲殴打苏珊的场景："当苏珊离开餐桌时，这就爆发了。母亲终于站起身，以全身的力气用拳头打苏珊。她一边打，一边说起了堤坝、银行、她的疾病、房顶、地籍管理局、她的衰老、疲惫和死亡。这情况持续了两个小时。她站起来扑向苏珊，然后倒在椅子上，累得发呆，平静下来。然后又站起身，再次扑向苏珊。"

母亲殴打玛格丽特时，保罗也在现场，但没有阻止这种状况，或许他心中明白阻止也是没用的，抑或是想让母亲发泄一次，只有在母亲打起来没完没了时才会站出来干涉。事实上，保罗之前也是被母亲打过的，只是有一天他拽住母亲的手臂，几乎使她不能动弹，从此以后，母亲便不再责打保罗了，她甚至为保罗长大而感到高兴。但玛格丽特就惨了，她被母亲打得泣不成声，躲在椅子边不敢动弹。她不知道为什么母亲的病又犯了，为什么生活会变得这样痛苦不堪。

这种打闹的场面到最后大多以母亲的疲乏而终止。她不再理会女儿，躺在椅子上昏昏欲睡，脑袋摇晃起来，嘴巴半张着，似乎进入了甜美的梦想。但此时注视她的玛格丽特和保罗却都不会这样认为，他们的母亲太疲倦了，那个对生活充满激情、坚持不懈的母亲早已被希望本身击垮了。就这样，在寂静中，在昏暗的灯光中，玛格丽特和保罗安静地注视着他们的母亲，看她眉头紧皱、双手紧握着扶手。

毫无疑问，玛格丽特的母亲是承包租借地的受害者，是殖民地腐败统治体系中的受害者。而玛格丽特，则是她母亲疯狂行为的又一受害者。

母亲的巨大变化，使母女间的关系变得复杂起来。玛格丽特是爱着母亲的，但这种爱中也夹杂着一丝怨恨和不理解。她很早以前就因为母亲偏爱大哥皮埃尔、纵容他欺负她和保罗而很有意见，此时母亲的颓废、无力，在不高兴时对她的责骂，让她在同情、怜惜母亲的同时，也充满了反叛、仇恨和渴望逃离的心态。

生活环境的困顿以及对母亲的爱恨交织，让玛格丽特出落成了一个美丽的少女。未来会是什么样，玛格丽特不知道，她只希望苦难的母亲早点走出阴霾。

第三章
她和她的中国情人

里奥泰寄宿学校

　　玛格丽特的母亲被彻底击垮了，终于放弃通过种植特许经营土地成为百万富翁的梦想，转而将精力放到女儿的教育上。

　　1929 年，15 岁的玛格丽特被母亲送到了西贡的夏瑟普鲁一洛巴中学。在来这所学校之前，玛格丽特的成绩十分差劲，各科成绩几乎全是零分，甚至因为旷课太多还被老师训斥了。不仅如此，她的性格也十分古怪，不被同学和老师喜欢。有一次，她将课本扔在了老师的脸上，导致受到教导处的惩戒。

　　没有人认为玛格丽特是个好学生，凡是和她接触过的老师都觉得这个孩子需要好好管教。

　　然而，她的母亲玛丽却不这样认为，她始终觉得自己的女儿是有天赋的，是聪慧的。现在成绩变差只是因为没有好好学习而已。她相信女儿在学习上肯定会有所成就，尽管她当时在沙沥教书，却想方设法地为女儿在殖民地的首府西贡找到一间好学校，只不过夏瑟普鲁—洛巴中学不提供住宿。

　　住宿的问题很好解决，玛丽为女儿在西贡找到了一个提供住宿的地方。然而，它不是《情人》中提到的里奥泰寄宿学校，而是 C 小姐的家。房间不大，但价格高昂，玛丽为了让女儿能够在这里住下，支付了四分之一的工资。此外，在这座房间里，除了玛格丽特，还有其他三个寄宿者：两个老师和一个比玛格丽特小两岁的女孩科莱特。后来，这个叫做科莱特的美丽姑娘也成了《情人》中有着完美身材的海伦·拉戈奈尔。

　　新的生活终于开始了。玛格丽特远离了母亲，开始在西贡安顿下来。但是，玛格丽特很快就发现房东 C 小姐是一个怪异的女人。每当周末下午玛格丽特从动物园参观回来后，C 小姐就把她叫到房中，让玛格丽特观看 C 小姐赤裸的身体。

　　这样的怪癖行为一直持续了两年，玛格丽特并不知道如何处理，只是被动地接受这样的性游戏。不过，当她成为作家后，她以 C 小姐为原型写了一篇叫做《蟒蛇》的短篇小说，用幽默却不乏残酷的笔调痛斥了 C 小姐的怪异、性饥渴和反复无常。

　　不过，除却 C 小姐带来的尴尬场面外，在玛格丽特看来，在这里能够继续读书，她还是觉得很开心，她可不想像哥哥们那样无所事事。不过，她在高一时期的成绩依然没有任何起色，又是一连串的零分。情况是在第二年开始好转，她的数学成绩在慢慢提升，到后来，同学们不会的题目几乎全都找她帮忙了。

当然，她提升最大的还是作文，"整个中学都在念我的作文，二年级的老师拒绝为我的作文打分，因为它们写得实在太好了，但是那会儿我根本没念过法国文学。"

玛格丽特的话一点都不夸张，她当时的同学就可以证明。她非常喜欢文学，将戴利等人的作品熟记于心，然后在课间成段成段地背诵，并在模仿的基础上形成了自己的文字风格。

仿佛只是突然之间，玛格丽特就从一个差生变成了一个成绩优异的学生。当她的母亲玛丽去学校看望她时，母亲拿着成绩单激动地哭了起来。在这个母亲心中，显然是对玛格丽特寄托了极大地期望。

然而，尽管学业上取得成功，玛格丽特在教室中还是和一部分孩子坐在最后一排。这是由社会等级决定的，她的母亲只是一个小学教师，又面临破产的危机，没有能力让女儿坐到前面的位置。玛格丽特却不在乎，经常逃课，想念书了就去教室，不想念书的时候就一个人跑出去。

自由散漫的玛格丽特，虽然作文水平很高，但很难让人觉得她能够成功，更别说是达到荣誉的巅峰。她的同学德尼斯就表示了怀疑，甚至在杜拉斯已经成名后依然不停地摇头，在她看来，班上的另一位法语和拉丁文总是考第一名的奥迪勒才更应该成为作家。

的确，玛格丽特的生活方式与常人不同。在夏瑟普鲁—洛巴中学，白人女孩在放学后一般都是由家庭司机亲自接回去的，她们没有自由，始终处在严密的保护和监控之中。但是这样的生活并不属于玛格丽特，她没有家庭司机等在校门口，每天都是自己从夏瑟普鲁—洛巴中学独自走回寄宿的 C 小姐的房屋。

这段路途上会发生什么？玛格丽特的描述很有意思："这是学校门口的路。是七点半。是早晨。在西贡的这个时刻，市政府的洒水车刚过，有一种奇妙的清凉感觉，整个城市都浸润在茉莉花的香味里——那么香，以至于都有点让人'恶心'了。不少白人初到西贡时都这么说，但他们一旦离开殖民地，又会想念这股味道。"

玛格丽特待在西贡时，从来没有想过有一天会离开殖民地，所以她在真正离开这里之后怀念这儿的生活，怀念在中学里念书的时光，怀念从学校到寄宿地的那段路程。然而，多年之后她才意识到，她真正怀念的，其实只是一个人。

渡轮上的邂逅

15 岁起，位于沙沥和西贡间的湄公河便成为玛格丽特时常穿梭而过的河流。她在西贡读书，她的母亲住在沙沥，于是每到放假的时候，她就迫不及待地从西贡回到沙沥，和母亲待在一起，尽管母亲那时总是对她发脾气。

她一次次往返于沙沥和西贡之间，在渡轮上看天边的景色，想着少女心事，以及隐隐展现的写作梦想。在这段路途中，她遇见了许多人，但他们从来都没有真正走进她的视野中，唯有一个男人，一个中国男人，在她的心中留下了无数的回忆。

男人的真实名字叫胡陶乐，但大家都习惯叫他莱奥——这个在《情人》中被玛格丽特赋予新的意义的名字。两人的故事从莱奥在渡轮上递出一根烟开始，玛格丽特拒绝了。

> 她犹豫着，不无歉意地说：
> "我还小。"
> "多大了？"
> 她按照中国人计算年龄的方式回答他：
> "十六岁。"
> "不，"他微笑着说，"这不是真的。"
> "十五岁……十五岁半……行吗？"
> 他笑了。
> "行。"

很明显，主动搭讪的莱奥对玛格丽特一见钟情，但莱奥却不是玛格丽特喜欢的类型，他瘦小、双肩下垂，尽管风度翩翩，样貌却一点都不好看，在玛格丽特的眼中甚至比一般的安南人还要丑。然而，他却很有钱，这从他的黑色利穆大轿车，他身上剪裁精致的柞丝西服，他手里拿的高级香烟，都能彰显出来。

莱奥没有隐藏自己的财富，自我介绍说刚从巴黎回来，住在沙沥的一幢蓝色大宅子中。那幢房子，在沙沥是赫赫有名的豪宅，每一个沙沥人都知道。

在交谈中，莱奥也询问了玛格丽特的情况。在他看来，一个年幼的白人女孩孤身一人乘坐当地的汽车和渡轮，这让人觉得很奇怪。玛格丽特的回答简洁直白，她的母亲是沙沥女子小学的校长。仅这一句话，便说明了一切。因为，她的母亲在沙沥也像莱奥的豪宅一样家喻户晓，是人们时常谈论的对象。

果然，莱奥知道这个时常被人谈起的校长夫人，知道她在买的租地中碰到了晦气。当然，莱奥也直言不讳地赞美了玛格丽特的美貌，以及对她头上戴的男士帽子的欣赏。最后，当渡轮在湄公河对岸停下时，莱奥提出送玛格丽特去西贡的学校。

玛格丽特同意了。她不讨厌莱奥，但也不喜欢，如果不是因为对方有钱，她或许根本就不会和他产生交集。当车门关闭的时候，她心中产生了一种悲戚感。她想到了被困在租地上的母亲，想到了对金钱过度索取的大哥，想到了从父亲去世起就不断面临的贫困，这所有的一切她都想要改变。从她坐进轿车起，她明白自己的行为代表什么，这是一种屈服。

初次乘坐如此高档的轿车，玛格丽特表现得很平静。她暗自打量着轿车，发现车厢大得就像一个小房间似的，在司机和后座之间还有滑动的玻璃前后隔开。这样的待遇是玛格丽特从来没有体验过的，她更加惊叹于莱奥的安逸生活。

汽车在充满泥泞的道路上缓慢行驶，最初，两个人都不说话。不过，莱奥很快就忍不住了，他有钱，却是一个空虚的人，或许也是为了吸引玛格丽特，他开始滔滔不绝地讲述他雄厚的家世背景和他的浮华生活。玛格丽特静静地听着，从对话中不断感受着这个男人的阔绰、殷勤和无所事事。

窗外一片生机盎然的景象，棕榈树、椰子树和芭蕉不断在眼前闪过。车子开过，尘土飞扬。玛格丽特很少说话，等到莱奥也停止谈论时，她就闭上眼睛静静坐着。在寂静中，在充满暧昧色彩的封闭空间里，她感受到有一只手正在靠近她。她没有动，甚至当那双充满男性气息的手用小拇指触动她、试探她的时候，她也没有任何反应。

这是一种默认，在玛格丽特的心中，是默认莱奥可以碰她的。

一个情窦初开的少女，处于一个叛逆的年龄，她渴望男人的身体，而此时遇到的男人还拥有她没有的金钱，对她也很殷勤，她觉得可以把自己交给他。

莱奥是一个经历丰富的男人，在遇到玛格丽特之前就已经有了许多女人，他当然知道玛格丽特的反应意味着什么，

　　于是他更加大胆了，甚至将手伸向玛格丽特的双腿之间。

　　汽车在这时突然停止，他们到达了目的地。

　　玛格丽特和莱奥都从这种无声的激情中清醒过来。对于玛格丽特来说，尽管她早熟，也很早就耳濡目染了男女之事，但这是她第一次真正和一个陌生男性靠得这么近。然而，玛格丽特依然不爱这个男的，相比较，她始终觉得对方的财富更加吸引她。

　　下车前，玛格丽特对莱奥说了一句再见，但莱奥什么也没说，他只是待在车里目送着玛格丽特的身影渐渐远去。他知道，他们还会见面的，他看出了这个小女孩心中的想法。

　　的确，玛格丽特的生活从此发生了天翻地覆的变化。一个贫穷的白人女孩，摇身一变，成为了一个有高档轿车接送的女人。坐在豪华的轿车里，她和曾经看过的那个尊贵的夫人迎面错过，那时，她不再站在路旁为她的汽车让道，不再仰望她，她们平等地相遇了。

　　莱奥为玛格丽特带来了一种全新的生活层次，不止是高档饭店和娱乐场所，也不止是一种富人的生活方式，还有从自卑中得到的短暂解脱。但是，玛格丽特幸福吗？

　　几十年后，当她成为一个饱经风霜的老人，她回忆往事，真诚地写下了这一句话："我将有一辆利穆新轿车送我去上学，可我也将永远生活在悔恨之中，悔恨我的所作所为，我所获得的一切；悔恨我所抛弃的一切，好坏都一样，让我感到悔恨。"

中国城里有座蓝房子

偶然的相识没有戛然而止，莱奥几乎每天都到学校去找玛格丽特，就在附近随意地聊天，或者只是静静地待在一起，然后，莱奥再把玛格丽特送回去。

玛格丽特很享受这种被追逐的感觉，她也很懂得挑逗莱奥的欲望。有一次，在从寄宿地去学校的路上，她看到了那辆标志性的黑色轿车，但她没有立即奔向莱奥的身边，也没有选择走开，只是慢慢地走过去，风情万种地对着车窗玻璃印下她的吻，留下她的气息。

她是无所顾忌的漂亮小姑娘，从不逃避莱奥想接近她的暗示。她挑逗他，然后走开，留下莱奥在车窗里面暗自动情。

他们之间似乎充满了欲望，却始终没有发生什么。

这种看似平常的气氛终于被打破了，那是在一个周四的下午。玛格丽特永远记得那一天，改变了她一生的轨迹。

当学校下课后，她像往常一样坐上了莱奥的黑色轿车。车在忙碌的街道上穿梭而过，最后在一条巷道前停下。扑面而来的是嘈杂的吆喝声、浓郁的茶香和煤炭的味道。这里是中国城，在巷子深处，莱奥有一套蓝色的公寓，是用来和情人做爱的地方。

他喜欢她、迷恋她、想要保护她，但到了最后，他还是带着她来到了这座蓝房子。

玛格丽特从两人认识的那一天起就知道会有这一天。把自己的身体献给莱奥，是她第一次坐上轿车后就明白的事情。所以，当莱奥请求她一起到公寓时，她没有拒绝，只是默默地跟来了。

蓝色的公寓是现代化的，尽管里面的布置比较简单。走进房间中，玛格丽特又像打量利穆轿车那样，开始观察这座单身公寓。只不过，这一次她是光明正大地看，每一处都没有遗漏。她看简洁的家具，看暗淡的光线从厚重的窗帘下照进来。

莱奥告诉玛格丽特："我没有去选一些好的家具。"这里只是他和女人进行肉体交易的地方，当然没必要花心思去布置，更没必要装饰得像家一样豪华。

玛格丽特沉默着，独自想着自己的心事。她看出紧张的莱奥在等她开口，但她就是不说话。莱奥还是没有动手，径自说着疯狂爱她的话。这个事实，玛格丽特很早就知道了，她看出来眼前的男人很喜欢她，可是，她不喜欢对方。

莱奥还在继续说着话，他说他很孤独，他的母亲很早就去世了，而他作为父亲的独生子，尽管拥有庞大财产的唯一继承权，但他一点也不幸福。他在享受这种财富的时候，什么也不能做主，无论是在爱情上，还是在学习和事业方面，他都要听凭父亲做主。他一直都渴望能够得到一种纯粹的爱，而此刻他爱的是一个小女孩。

玛格丽特终于说话了："我宁可让你不要爱我。即便是爱我，我也希望你像和那些女人一样做。"很明显，玛格丽特在鼓励莱奥拿走她的身体。

莱奥很震惊，也很痛苦，不停地追问玛格丽特是不是会对任何一个男人说这样的话。她没有否认。于是，莱奥将她的连衫裙扯下来，把她赤身裸体地抱上床。突然，他停止了所有的动作，他还在犹豫，一个人躲到床边哭泣。这个时候，玛格丽特表现得像是荡妇一样，她主动抚摸莱奥的身体，挑逗他，鼓励他继续做下去。

他们终于开始了，他哭着，她享受着。

一切平静之后，两人又谈了许多。莱奥再次问玛格丽特，为什么要跟来蓝房子中，她完全可以选择拒绝的。玛格丽特很平静，她只是说，这是她的选择。接着，玛格丽特再次谈到了她的家庭，她的母亲，她那总去鸦片馆的哥哥。

在莱奥看来，玛格丽特之所以接近他，或者说愿意让他接近，只不过是为了钱，她不爱他。而这样的事实，玛格丽特没有否认，甚至也坚持称自己就是这个目的。

我说我想要他，他的钱我也想要。

我说当初我看到他，他正坐在那辆汽车上，本来就是有钱的，那时候我就想要他。

我说如果不是这样，我也不可能知道我究竟该怎么办。

他说：我真想把你带走，和你一起走。

我说我母亲没有因痛苦而死去，我是不能离开她的。

他说一定是他的运气太坏了，不能和我在一起，不过，钱他会给我的，叫我不要着急。

一方需要钱，另一方愿意给。他们的关系从相遇时就注定不会太平，也不会平等。

那个周四的下午，玛格丽特和莱奥在昏暗的房间中待了很久。这是玛格丽特第一次体验到男女之欢，她缠着莱奥，抚摸他、占有他。在她心里，已经有一种声音在回响着："将来我一生都会记得这个下午，尽管那时我甚至会忘记他的面容，忘记他的姓名。我问自己以后是不是还能记起这座房子。他对我说：好好看一看。我把这房子看了又看。我说这和随便哪里的房子没有什么两样。他对我说，是，是啊，永远都是这样。

直到华灯初上，两人才从蓝色公寓中走出来。玛格丽特依旧穿着那件磨损的茶褐色真丝连衣裙，戴着那顶男式帽子，脚上也还是镶金条带的鞋子，就像两人第一次相遇时那样。

但是，还是有什么改变了，在寂静中悄然流逝。

玛格丽特觉得她突然间老了，不再是个纯真的小姑娘，尽管她向来成熟。但是，这一个下午改变的，已经难以用言语来形容。她出卖了自己，这个事实再也无法更改。

爱是一场欲望叠加

流言蜚语开始漫天传播，人人都知道玛格丽特当了一个中国公子哥的情人。他们议论她、鄙视她、排斥她，像对待妓女一样对待她，甚至她的男同学也对他说些污秽的话语。然而，玛格丽特不在乎，依然在放学后坐上那辆豪华的黑色轿车，在众目睽睽之下悠然离开。

她的夜生活逐渐丰富起来，跟着莱奥光顾了众多高档餐厅。她当然知道自己这样做会受到怎样的鄙视，所以，在享受美食的时候，她告诉莱奥，如果她的哥哥知道这件事，知道她当了他的情人，一定会杀了她。

莱奥有些不知所措，他对玛格丽特说，虽然他们发生过关系，但不可能成为夫妻。这句话的意思显而易见，玛格丽特非常尴尬，这时也突然觉得自己像是人们口中所说的妓女了。她没有回应，继续低头吃着盘子里的饭菜。

其实，两个人都很清楚，他们之间不会有未来，但他们谁也没有说分开。

一天又一天，玛格丽特和莱奥一起去了许多地方，度过了无数个充满欲望的白天和黑夜。终于，她的母亲玛丽发现了这件事。玛丽难以接受，当初她送女儿到西贡上学，是对女儿寄托了厚望，希望女儿成为数学教师。她怎么也没有想到，年幼的女儿竟然和一个中国人住在一起，光明正大地当了他的情妇。

很显然，玛丽看不起莱奥。因为东方人的地位在那个时候并不高，而中国的土地正被西方资本主义列强瓜分和占领着。因此，尽管莱奥很有钱，家财万贯，但在当时那些自以为是的白人眼里，依然没有地位，是比他们"低等的人"。但就是这样地位低下的人，却把一个白人女孩当成廉价的情人一样对待。

玛丽非常愤怒，像疯子一样将女儿的衣服撕碎，抽打她，闻她身上的味道，骂她是贱货、妓女，下贱而又肮脏。玛格丽特什么也不解释，只是不停地说自己和莱奥在一起只是为了钱。或许，事实已经难以改变，又或许是玛丽真的很缺钱，总之，她并没有将女儿关起来，或者采取其他有效的措施阻止女儿与莱奥见面。

这是一种默许，是变相地认同玛格丽特和莱奥可以保持联系。因为，贫穷的他们真的需要钱，对钱充满了深深的渴望，就像莱奥对玛格丽特充满了欲望一样。

玛格丽特的母亲和两个哥哥的确没有辜负这一资源，他们向玛格丽特传达着缺钱的信号，然后，玛格丽特再次放低姿态去找莱奥，假装毫无羞耻地接受莱奥的礼物或者是金钱。

在这种充满利益、欲望和索求的交易关系中，莱奥越来越像个嫖客了，在每次与玛格丽特发生关系后，他都会习惯性地给玛格丽特一些"嫖资"。玛格丽特是倔强的，尽管意识到自己被这段不正常的关系摧毁了，却始终装作不在意，只是独自在黑暗中舔舐伤口。

当心中的感激之情被愤怒取代时，玛格丽特也会指控莱奥的不良行为："他拿我当一个妓女、一只破鞋……当你任凭他胡言乱语、为所欲为，当你身不由己、任其随意摆弄、竭尽猥琐之能事的时候，他会觉得什么都是精华，没有糟粕，所有的糟粕都被掩盖起来，在情欲的推动下，全都并入洪流之中流走了。"

不可否认的是，莱奥爱着玛格丽特，但也知道他是得不到玛格丽特真心的，所以，他转而极尽所能地夺取了玛格丽特的身体。

他曾经也试图搞好和玛格丽特家人的关系，邀请他们共进午餐。那个时候，玛格丽特想让母亲和哥哥认同莱奥，于是建议莱奥在他们没有去过的大饭店设宴。然而，其乐融融的场景并没有出现。玛格丽特的哥哥们很不客气地点了饭店里最贵的红酒和西餐，却始终不正眼看莱奥，不和他交谈。为了缓解尴尬的气氛，莱奥径自找着话题，讲述他在巴黎的生活，也讲述他的父亲是怎样发家致富的。

这些话，玛格丽特全都听过，也知道怎么接话才是最得体的。但她什么也没说，因为哥哥们一直保持着高傲的态度，她不能与莱奥有任何的交流，"因为他是中国人，不是白人"。

莱奥觉得委屈，他的生活一直很优渥，何时受到这样的冷落。他不再说话，只希望这次粗暴的会面能够早点结束。时间流逝，终于，玛格丽特的哥哥们不再要求继续点餐，将账单自然地推给莱奥。他没有觉得意外，只是将钱放在托盘里，心里总算松了一口气。

事情却没有结束，酒足饭饱，玛格丽特的大哥又想去跳舞，便让玛格丽特传达他的想法。莱奥很生气，他假装没听见，不过最后还是小声回应了玛格丽特，他说他想单独和玛格丽特一起待一会儿。玛格丽特不敢做主，不过她的大哥却在这时发出了一声尖刻的叫声，这让莱奥觉得非常害怕，他不再抵抗。

玛格丽特很失望，她看不惯大哥总是仗着身强力壮欺负她和小哥哥，她一直都希望有人能够压制住她的大哥。她本以为具有财富的莱奥可以保护她，帮她"收拾"大哥的嚣张气焰，然而莱奥的表现太让她失望了。

似乎是为了报复莱奥，玛格丽特将他晾在一边，开始和小哥哥贴身跳舞。他们的舞蹈充满激情和欲望，并不是兄妹之间该有的正常行为。

看到这一幕，莱奥的眼里似乎出现了泪水，他觉得自己好心请玛格丽特一家吃饭，到最后却依然不被待见，甚至成了被抛弃的人，尤其是被玛格丽特抛弃了。他很想宣泄出自己的不满，但良好的教养或者是软弱的性格，让他一直忍耐到了最后。

舞会结束后，莱奥和玛格丽特直接回到了中国城里的蓝色公寓。在这里，玛格丽特又成为了一个任人摆布的玩偶，而莱奥则重新拥有了绝对的控制权，他面带怒火，狠狠地掌掴玛格丽特，然后粗暴地将她推倒在床上，像对待妓女一样占有了她。

玛格丽特没有哭，没有发出任何声音，只是在莱奥抽烟时才漫不经心地问道："我刚才的表现值多少钱？在妓院，你需要付多少钱？"

莱奥的眉头皱得更加深了，他冷漠地问道："你想要多少钱？"

玛格丽特说了一个数字，这个数字当然是玛格丽特的母亲想要的，然后莱奥从钱包里拿出一沓钱，狠狠地摔在小桌子上。他当然不是在心疼钱，而是恼怒玛格丽特的无所谓。

是真的无所谓吗？被当成妓女也无关紧要？

玛格丽特的伪装看起来很成功，她根本就不想像这样活着，不想没有尊严、只能靠出卖自己来获得金钱。更可悲的是，虽然她想要逃脱这种生活，却依然照做不误，平静地躺在莱奥的身下，任由他以爱的名义，进行疯狂地索取。

第二天，西贡下起了淅淅沥沥的小雨。玛格丽特将莱奥给的钱交给了母亲，结果，母亲很自然地将钱塞进包里，然后向校长办公室走去，请求校长允许自己的女儿在晚间出去，说她的女儿更习惯自由的生活。校长同意了，玛格丽特终于被彻底出卖了。

未曾见面的离别

尽管人人都在咒骂玛格丽特是一个小娼妇，但她和莱奥的交往还是持续了一年半。这是一段漫长的时光，足够做许多事，谈许多话。然而，两人却很少再谈论自己。

他们都明白，在一起是不可能的。尤其是玛格丽特，更是洞悉一切，就像她坐上轿车时就知道自己的身体必须要献给莱奥一样。她从来都明白，莱奥是不可能迎娶自己的。这不是说她怀疑莱奥对自己的感情，只是她把一切游戏规则都看清楚了。

她任性，让莱奥追逐她，是因为她看出莱奥喜欢她，所以她有这个资本玩爱情的游戏。至于婚姻，却不是莱奥和她能够做主的，也不是她的母亲和哥哥能够决定的。他们当然希望莱奥把玛格丽特娶回去，这样他们一家便有了长期饭票，但是，莱奥的婚姻从来都不会受他们左右。

一切的决定权都在莱奥的父亲手中，那个可以剥夺莱奥财产继承权的老先生。

老先生的态度很明确，自从知道儿子在和一个"白人娼妇"在一起，他便言辞激烈地要求两人分开，否则就取消儿子的一切继承权利。

这样的威胁之于莱奥，是致命的，也是不得不妥协的。除了钱，他知道自己什么也不会拥有，他也没有赚钱的能力，更悲哀的是，在享受了多年的奢侈生活后，他已经成为了金钱的奴隶，已经不愿意用自己的双手去赚钱了，他忍受不了那样的生活方式。

玛格丽特当然是明白的，她曾经不止一次提到这个残酷的现实："我发现，要他违抗父命而爱我娶我，把我带走，他没有这个力量。他找不到战胜恐惧去取得爱的力量，因此他总是哭。他的英雄气概，那就是我；他的奴性，那就是他父亲的金钱。"

所以，当莱奥说爱她时，她从来都不回应，她知道爱情不会让莱奥变得强大，从而让他守护住自己想要的。玛格丽特明白这些，而为了心中的那一份倔强，那一点骄傲，她总是信誓旦旦地宣称，她从来都没有喜欢过莱奥，她和他在一起只是为了钱。

莱奥不是没有抗争过，他曾经请求过父亲不要拆散他和玛格丽特，"他求他的父亲准许他去体验一次这样的生活，仅仅一次，一次类似这样的激情、这样的魔狂，对白人小姑娘发狂一般的爱情，在把她送回法国之前，让她和他在一起"。

然而，尽管是这样的请求，也是软弱无力的，他甚至不敢开口让父亲允许自己迎娶玛格丽特。至于老先生的答复则是宁愿儿子死去，也不会让他和玛格丽特在一起。为了让儿子彻底死心，老先生也加紧安排莱奥和他的未婚妻尽快完婚。

分开成了再也无可挽回的事实。趁着还有时间，莱奥陪着玛格丽特去了许多地方，包括堤坝、他们相遇的湄公河、她母亲在沙沥的住址、她在西贡读书的学校和她寄宿的地方，以及饭店、舞厅等。所有曾经留下他们回忆的地方，两个人都去了。他们不停地说着话，莱奥的神情表现出沮丧，而玛格丽特则显得很平静、淡然。

她对他说，她同意他父亲的主张，她拒绝和他留在一起。至于理由，她没有讲。

夕阳的余晖染红了天空，在血染的霞光里，他们回到了中国城里的蓝房子。玛格丽特端起一杯葡萄酒轻轻走到莱奥面前问道："她漂亮吗？"莱奥回答："她富有。"

莱奥并没有见过这个未婚妻，不知道她到底长什么模样，也不知道她性情是温和还是古灵精怪的，他什么也不知道。然而，这些都不重要，只要这个未婚妻出身于名门望族，拥有庞大的家族财产，那么，他们便是可以结婚的，这就是婚姻上的强强联合与门当户对。

玛格丽特了然地笑了笑，她知道自己身无分文，根本不在对方挑选妻子的考虑范围内。

两人突然沉默了，寂静遍布各个角落，在厚重的窗帘之后，在空荡的床上，也在两个人的心间。莱奥有些崩溃，他抓不住爱情，便想彻底断了自己的念想。他不断地让玛格丽特重复他的话："你来这儿是因为我的钱。"

关于这一点，玛格丽特从来没有否认过。此时，她更不想否认，只是漫不经心地对莱奥说道："由渡轮遇见你的那刻开始，我心中想的只是钱，别无其他。"

莱奥伤心极了，他多想玛格丽特能够欺骗自己一次，哪怕只有一次她说很爱自己，他也会觉得很满足。然而，从玛格丽特口中吐出来的话永远都是恶毒的。他绝望了，毫不怜惜地托起她的下巴轻声呢喃起来："你是个妓女，你是个妓女……"

他哭了。

很久之后，玛格丽特问他："你婚礼何时举行？"

"下星期五，你十二号……乘坐'亚历山大'号离去……"

他为她买好了回法国的船票，这是他最后能为她做的事情了。从此之后，他将有自己的妻子，而她也会在法国开始新的生活，他们再也不会相见。

玛格丽特不再去西贡的学校了，她待在沙沥的家中，看着母亲卖掉所有的家具，看着她收拾行李。她什么也不想，只等着启程回法国。

开船的时刻最后来临了，巨大的轮船停靠在湄公河的岸边，汽笛声洪亮凄厉，尾音拖得很长，很长，像是在诉说不为人知的秘密。它没有为谁停留，满载着拥挤的乘客缓缓开动，沿着河道向远方行驶。

在河岸边，有许多人前来送行，有的高声叫唤着，有的默默地挥舞着手臂，但无论是谁，都只能看着轮船从他们的视野中慢慢消失。

玛格丽特一直站在甲板上眺望河岸，没有笑容，也没有流泪。那辆黑色的利穆轿车来了，孤零零地停靠在停车场的远处，车前还站着穿白色制服的司机。她的中国情人没有走出来，但她知道他就坐在车里，隐约中，她仿佛瞧见了他的身影。

这是他们的最后一面，尽管两人都没有看到对方的真切面容。

轮船向前行驶着，玛格丽特始终没有表现出任何情绪。然而，在一天夜里，当人们都睡下了，她听到熟悉的肖邦圆舞曲在耳边响起时，情不自禁地哭了起来。她想到了那个中国情人，她不能确定，她是不是曾经爱过他。

他们的故事结束了。

很多年之后，当玛格丽特老了，容颜备受摧残的时候，她接到了一个电话，是那个中国情人打来的，他对她说：

> 他依然爱她，他根本不能不爱她，他说他爱她将一直爱到他死。

第四章

巴黎，另一段旅程

法学院里恣意生长

回到法国，她再次见到了自己的大哥皮埃尔，这个曾给她的童年带来许多阴影和灰色回忆的兄长。在人来人往的火车站，皮埃尔来接自己的妹妹了，他表现得似乎和从前不太一样，一副好好兄长的模样，仿佛是能够保护玛格丽特的样子。

久别重逢，玛格丽特最大的认知是自己将和皮埃尔一起在巴黎生活，开始一段新的旅程，尽管她此时还没有意识到在殖民地的过往将永远成为过去。

她一路跟着皮埃尔来到雨果街的旺夫公寓中安顿下来。为了表明已经安全到达巴黎，生活也进入正轨，她和皮埃尔拍了几张合照寄给还留在殖民地的母亲和小哥哥保罗。在这些照片中，皮埃尔看起来精神不错，他穿着紧身得体的正装斜坐在椅背上，不过面容却有些忧郁；玛格丽特则不同，她穿着温暖的羊毛衫，冲着镜头微笑，仿佛母亲和保罗就站在眼前。

在照片寄出去的同时，玛格丽特也给母亲写了一封信，告诉她自己一切很好。其实相比自己的处境，她更担心母亲的状况。她的母亲，这个可怜的女人在西贡买了一所房子，办了一个能够收纳较多学生的寄宿学校。不过关于未来，她显然还处在犹豫之中，不知道退休之后，是到巴黎去找女儿，还是继续留在交趾支那的殖民地继续纠结地度过晚年。然而，不管怎样，女儿能够如她所愿，走入高等院校，这一点让她很开心。

巴黎的一切都是新鲜的，不过没过多久，玛格丽特就发现皮埃尔还是原来的那个混蛋，一点都没有改变。他整日游手好闲、无所事事，依靠母亲寄来的钱生存，至于性格当然也还是像以前一样粗暴无礼，甚至想从还在念书的妹妹身上榨取钱财。他唯一的变化就是，从交趾支那的小混混成为了巴黎街头的拐客，没错，他为下层妓女介绍生意。

这种场景，仿佛又回到过去噩梦般的生活中。她在旺夫公寓中艰难忍受着，尽量去忽略皮埃尔的存在，去做自己的事情。当然，她回到巴黎最主要的目的就是求学。为了完成对母亲的承诺，完成母亲想让自己成为一名数学教师的愿望，玛格丽特在巴黎的一所科学学院进行了注册，专业是数学，不过她并没有投入太多的热情，很快就放弃了参加数学教师资格考试的计划。在她看来，枯燥的数字完全无法吸引她的兴趣。

玛格丽特是一个有主见的人，在明确知道自己不可能在数学的道路上走下去时，她转而在巴黎大学法学院注册了法律专业。玛格丽特毫无疑问是喜欢写作的，但她却不能学习文学专业，因为这样的想法在她那固执的母亲看来，就等同于表演、音乐一样不切实际。这个备受命运打击和饱尝艰辛之苦的妇人，她需要女儿有一个稳定的前途，而地位较高的律师在当时则是绝佳的选择。既然玛格丽特对数学没兴趣，那法律就成了第二选择。或许这是女儿在兴趣与前途之间，与母亲达成的最后妥协。

然而，从后来对玛格丽特的采访中，关于她选择法律专业却有了另一种解释："众所周知，我开始是索邦大学的数学专业的学生，然后要继续读巴黎高等师范大学，再成为一名老师。可我有一个情人，他对数学一窍不通，他想娶我。他对我说：'我哪想娶一个数学家，数学家会喂养孩子吗？'我知道他的这种想法很愚蠢，这不是性别歧视吗？可是我愿意和他在一起，就放弃了数学专业，这是件值得庆幸的事情。"

无论是受到了情人的影响也好，抑或是与母亲妥协的结果，玛格丽特成为法学院的一名学生都是没有争议和不可改变的事实。

在当时的大学校园中，男女生的比例是十比一，玛格丽特作为一个年轻的女学生无疑会收获男性关注的目光，更何况她是那样活泼、聪明过人，精致的脸庞上有一双炯炯有神的大眼睛，常常使人情不自禁地沦陷其中。玛格丽特没有浪费自己的青春与貌美，她和不同的男生交往，和他们一起郊游，体验肉体上的欢愉。她美丽动人、开放大胆，因而很受男生的欢迎，但是交往的每一段感情都没有维持很久，她是一个刚从束缚中得到解放的少女，贪玩而无所顾忌。正如她自己所说的那样，"我总是欺骗和我生活在一起的男人，我总是离开，这一点救了我。我是不忠实的女人，虽然不总是不忠实，但大部分的时候都是如此，也就是说我喜欢这样。我爱的是爱情，我喜欢这样"。

就这样，玛格丽特在法学院里肆无忌惮地玩着爱情游戏。她从一个男人的怀抱中走入另一个男人的怀抱里，乐此不疲。或许这些男人的姓名她都没有记全，但是只要激情和肉体得到满足，她就觉得生活很美好。

在法学院所遇到的男人中，有一个比较特殊的男人，他是一个犹太人，后来成了玛格丽特创作的小说《副领事》中的人物。这个男人叫做弗雷德里克·马科斯，是玛格丽特在上大学第一年时遇到的。

　　马科斯的父亲是银行家，不过去世较早，之后他的母亲便改嫁给一个唱片商，然而，母亲很快得了重病，离开人世。没有父母的管教，马科斯的中学时代是在被劝退、频繁换校的生涯中度过的，好在后来终于稳定下来。当他和玛格丽特相遇时，已经是自由政治学院的学生，但他却对宗教产生了浓厚的兴趣，几乎整个青年时代都在研究宗教书籍。在玛格丽特眼中，马科斯是迷人的——不仅面容白皙，有着黑色卷发和漂亮的蓝眼睛，同时才华横溢、知识广博。出于本能，玛格丽特与马科斯恋爱了，但她很快就发现这个男人让她忍无可忍，他在和她发生性关系时总是沉默不语，而在结束后又坚持让她读《圣经》，给她讲述关于《圣经》翻译的故事！

　　对于追求征服欲望和性爱满足的玛格丽特来说，马科斯的行为无疑是让她苦恼的，于是他们最后的分手也成了必然。在《副领事》中，玛格丽特为马科斯安排了一个归宿，让他成为了法国驻孟买卡尔库塔城的副领事。至于马科斯最后的真实生活，没有人知道。

　　离开了马科斯，玛格丽特又继续开始新学业以及找寻男人的征程。1934 年，她顺利通过了法律学笔试，不过在这个时候她却搬出了旺夫公寓，在什梅尔街 5 号的一座破旧宿舍里住下来。大概她终于觉得自己再也难以忍受皮埃尔了，只想要逃离。此后，她独自在什梅尔街的宿舍里住了多年，也是在这栋公寓中，玛格丽特遇到了另一个令她印象深刻的情人——让·拉格罗莱。

　　玛格丽特和拉格罗莱的相识非常富有戏剧性。那一天，她居住的宿舍楼突然着火，在混乱中她从屋里跑到走廊上，结果遇到了住在同一楼层的拉格罗莱。这个男人举止优雅，从容不迫，给玛格丽特留下了深刻的印象，而从交谈中她也得知他们竟然是同学，只不过因为两人平常都很少去上课，所以对彼此没有印象。然而，这一次在炽热中的相遇，却让爱情走进了双方的心中。

　　他们似乎天生就是要做情侣的，各方面都非常般配：男孩相貌英俊，女孩面容娇媚；在兴趣爱好上，两人也是出奇地一致，虽然是法律专业的学生，却都非常迷恋文学。不仅如此，拉格罗莱还为玛格丽特带来了不一样的世界。他比马科斯还要博学，将玛格丽特在文学上的兴趣从欧洲的笛卡尔、斯宾诺莎向外延伸到了美国的一些作家、思想家，比如美国意识流文学的代表者福克纳等。此外，正是由于拉格罗莱的影响，玛格丽特在这段时期疯狂地迷上了戏剧，她几乎每周至少花两个晚上在剧院度过。舞台上的激情一度让她着迷，甚至产生了一种强烈的感受：要将自己的文字变成剧本，在舞台上表演。尽管当时她还没有出版过任何一本小说，但是后来，她真的这样做了，也成功了。

　　就这样，怀着这样和那样的梦想，玛格丽特与她的新情人相依相恋，但是如同所有会发生争执的情侣一样，随着时间的积累，玛格丽特对拉格罗莱的感情也在一天天变化着。她喜欢他，却也非常害怕这个迷人、浪漫和具有诱惑力的男子。因为，拉格罗莱在性格上具有缺陷。

当然，拉格罗莱并不是故意要表现得另类和奇怪，他的不正常主要和童年时的经历有关。他生于一个富裕的家庭，母亲在生他时就去世了，这导致他从出生起就不被父亲喜欢，更可悲的是，他还没有长大，父亲也离开人世了，他彻底成了一个孤儿，孤独无依。以至于成年之后，他也没能走出这个阴影。他忧郁、独孤，喜欢在夜里发出奇怪而可怕的号叫声，或者是将报纸剪成一条条。

最初的时候，玛格丽特并不担心情人的奇怪举动，相反，这种与常人的不同行为甚至对她产生了一种致命的吸引力。然而，当初遇时的悸动和在肉体上获得的激情逐渐消退时，浮现出来的都是疲倦、痛苦和纠结。对玛格丽特来说，真正令她害怕的是，她不知道如何抚平拉格罗莱心中的伤痛和沮丧，她无法让他真正开心起来。渐渐地，玛格丽特开始逃避她的情人了，她离开了什梅尔街的宿舍楼，独自搬到保尔·巴路埃尔街。

面对玛格丽特的退缩，拉格罗莱虽然伤心，却他没有主动出击和挽回，而是将自己封闭起来，躲进用孤独筑造的城堡中自娱自乐。但是，尽管他和玛格丽特都在远离对方，却依然舍不得彻底分开。他们若即若离、藕断丝连，像往常一样参与到相互的生活中，似乎都在等待一场分离的盛宴给予他们解脱。

那一段三角恋情

拉格罗莱和玛格丽特的相恋注定是一场悲剧。从相关细节上看，拉格罗莱是一个忧郁的男人。这样的性格特质，很难与人交往，不过由于学识渊博，他还是因此结交到了两个挚友：乔治·波尚和罗贝尔·昂泰尔姆。他们从中学时代就开始相识，结成了牢不可破的友谊，一起踢球、赛马和谈论文学。当拉格罗莱和玛格丽特恋爱之后，尽管双方关系一度进入僵持之中，他还是将玛格丽特介绍给了两位好朋友。

初次见面，乔治和罗贝尔都觉得玛格丽特是非常迷人的女孩，漂亮、活泼、大胆而疯狂。那个时候，玛格丽特的生活比较富裕，她的经济来源源自那坚持不懈、想方设法赚钱的母亲，玛丽在西贡开设的法语学校由于经营良好，所以给玛格丽特寄来了大笔生活费。利用这笔钱，玛格丽特甚至还拥有了自己的汽车，成为当时学校里第一个开上汽车的女学生。而在与拉格罗莱以及他的两个朋友相识后，玛格丽特便经常开车载着三个男人在巴黎的街道上穿梭，或者带他们去赌场，生活无忧无虑。

这段有爱情也有友情的关系，随着几个人的深交，很快便陷入了僵局。因为玛格丽特难以忍受恋人拉格罗莱无休止的忧郁和富有深意的胡说八道，她越来越厌倦对方。更为致命的是，她发现自己对拉格罗莱的好朋友罗贝尔有感情了。

其实从外貌上来说，罗贝尔完全比不上相貌英俊的拉格罗莱，他除了具有肉感的嘴唇，几乎没有任何明显而突出的相貌特征，身材也不如拉格罗莱高大。但是，罗贝尔身上的朝气、善解人意却是拉格罗莱没有的。

罗贝尔的确是一个富有魅力的人，优雅、阳光、具有内涵，朋友们都对他赞不绝口，比如乔治·波尚就曾评价道："这是我所认识的最出众的人物。"

此外，不同于拉格罗莱那具有悲情色彩的童年，罗贝尔是在温馨、祥和的家庭环境中长大。他出身优渥，父亲是贝约纳的副省长，尽管后来因为受到金融丑闻事件的牵连，事业陷入困境之中，不过最后也只是被降职成为巴黎的一名税务官。至于罗贝尔的母亲，则是来自意大利的望族，富有修养，同时也将这种涵养传给了她的儿子。

或许正是因为家庭环境的影响，罗贝尔养成了一种健康向上的气息，他的脸上总是带着微笑，同时，他还有着发自内心的善良，为人非常慷慨。这样的特质是拉格罗莱没有的，也是玛格丽特不具备的。就是这种独特的气息深深地吸引了玛格丽特，她觉得和罗贝尔在一起非常有安全感，认为罗贝尔"是对周围最具影响力的人"，即使多年之后，她依然带着感激的心情回忆道："我不知道应该怎么说，总之，他沉默的时候仿佛也在说话，他不会劝你什么，但是没有他的意见，我什么也做不了。"

　　玛格丽特从来都不善于隐藏和压抑自己的感情，她越来越疏远总是痛苦不堪的拉格罗莱，和罗贝尔的关系也越走越近。

　　至于罗贝尔，他当然也被玛格丽特吸引着，尽管知道这个女孩是好朋友的恋人，他还是情不自禁地动心了。他住在父母家里，和玛格丽特见面不是很方便，但他通过朋友法朗士一直和玛格丽特传递着饱含情义的书信。在许多人看来，他们更像是志同道合的朋友，但是也有人认为，他们这样小心翼翼，更像是为了不让朋友拉格罗莱伤心。

　　拉格罗莱当然不是傻瓜，他很快就发现了玛格丽特和罗贝尔之间不同寻常的关系。他难过、绝望，在知道自己无力挽回与玛格丽特的爱情时，竟然想到了大量服用具有麻醉作用阿片酊，企图自杀。然而，似乎是命运对他的眷顾，他并没有因此丧命。

　　在得知恋人拉格罗莱自杀未遂时，玛格丽特非常震惊，她把自己关在房间中哭泣。而罗贝尔也陷入了深深的自责和矛盾之中，不知道如何继续三人之间错综复杂的关系，在他心里，既不想做出对不起好友拉格罗莱的事情，又难以放弃与玛格丽特的恋情。最后，他竟然产生了同拉格罗莱一样的想法，企图以自杀来解决一切矛盾。他将藏在父亲办公室里的手枪拿出来，对准了自己的脑袋。

　　幸好，乔治·波尚在关键时刻夺下了手枪。

　　乔治是这次三角恋的亲历者，他同情拉格罗莱，却也认为罗贝尔并没有做错什么。当然，他最惋惜的是，昔日的好友竟然为了玛格丽特闹到了这样一种地步，而他却从来没有想到这种场景会发生。直到多年之后，他依然坚称"让和罗贝尔是一对非常要好的朋友"。除了乔治，拉格罗莱的朋友们也深信拉格罗莱和罗贝尔的关系并不简单：在他们之间存在着牢不可破的友谊，帮派与学校友谊兼而有之，他们来自同一社会阶层。

不管他们曾经的友谊多么深，现在，这两个男人的确因为一个女人闹翻了。

事情总要有个了结，最后是乔治充当了三人之间的感情调解者，他将因服用阿片酊而变得有些迟钝的拉格罗莱带到了中欧，想要以旅行的方式来帮助他的朋友忘记失败的恋情，走出阴影。这个方法很有效，拉格罗莱后来似乎真的忘记了玛格丽特，不过他此后再也没有碰过任何一个女人，心中存在的同性恋倾向彻底爆发，成为了只爱男人的同性恋者。

为他，走入婚姻殿堂

随着拉格罗莱的离去，玛格丽特和罗贝尔心理上的压力减轻了许多，他们继续留在巴黎，并维持了一段较长时间的甜蜜关系。然而，随着欧洲局势越来越复杂，第二次世界大战在硝烟中弥漫，罗贝尔决定离开巴黎去参军。

其实，罗贝尔本是一个和平主义者，并不主张以战争来对抗暴力，不过看到法西斯犯下的罪行越来越深重，再加上法国推行不抵抗政策，让他觉得对希特勒和墨索里尼等法西斯分子的退让与妥协是一种耻辱。于是放弃先前的主张，以自己微薄的力量义无反顾地参军了，他成为了一名走上战场的士兵。

我们不知道当时玛格丽特的想法，她是否赞成罗贝尔的观念，她又是否请求罗贝尔留下。但罗贝尔在离开的时候是不舍的，他迷恋玛格丽特，但却不能不走。对他来说，在险恶的局势几乎影响到每个人时，整日沉溺在花前月下和儿女情长之中的生活，几乎是在浪费自己的智慧，他需要一种更高层次的人生追求。

罗贝尔的观念从他在离开前给朋友法朗士写的一封信中，可以窥见一二：是的，我准备"走"了，我自己也不知道将要去哪里，但是我穿着再熟悉不过的制服。我的精力和诗情将缓慢地流向何方呢？同样，对于周围的人，我没有冷冷的苦涩，有的只是纯粹的遗憾。他们把自己关了起来，有的时候非常痛苦和强烈。

怀着莫名的责任感和英雄主义情怀，罗贝尔彻底告别了过去的生活。他当时并没有意识到这次的参军给他的一生都带来了极大的影响。

作为一个普通的士兵来到前线，罗贝尔立刻感受到法国政府根本就没有做好战争的准备。他有些不知所措，也有些恐惧，假如政府都举起双手投降，那么民主、正义与和平又将要到哪里去寻找？

罗贝尔有些无奈地在部队里苦苦等着。其实，不光是他面临如此境地，许多受到良好教育的青年人都体会到了深深的失落和空虚。弗朗索瓦·密特朗和他编入同一个宪兵队，这个男子在认识到自己的处境后，曾经不无讽刺地写道："对于我们这些在 1938 年应召入伍的士兵来说，当兵就是学会如何从一个普通的市民，在最短时间内，习惯肮脏、懒惰、嗜酒、营房和困倦。"

失望的情绪蔓延在每个参军的男人心中。在愤怒和不理解之中，罗贝尔再次给法朗士写信倾诉他的苦闷：

> 看到法国的这幅新面孔，如何不感到揪心呢？这还是我们小时候在历史教科书上看到的法国吗？苍白、胆怯，似乎只要战鼓擂响，它就随时准备做叛徒……这就是法国人，堕入错误之中的法国人，思想"超凡脱俗"的法国人，我们欣赏第三帝国的活力，欣赏第三帝国带来的新鲜空气。我已经一个月没有回到巴黎了，我们现在待在这儿什么也没干，我想我们待在这里也没有任何作用。

罗贝尔后悔了，这段时间在兵营的感觉早已磨灭了当初走入军队时的雄心壮志，他越发地想念玛格丽特。经过申请，他获得了回到巴黎的机会。他没有提前通知玛格丽特，等他满怀欣喜地找到玛格丽特居住的公寓时，却发现大门紧闭。他在那儿等着，甚至直接睡在她门前的毛毡上。这一睡，就是一整夜。

根据法朗士的描述，玛格丽特在罗贝尔入伍后，和其他一些优秀的男学生发生了几段"荡气回肠的爱情故事"。不过她和罗贝尔也维持着亲密的关系。

罗贝尔十分了解玛格丽特，他知道自己没有办法让这个女孩为他等待，而且当初离开巴黎也是他先提出来的。如今，他十分后悔最初的决定，可是只能继续回到军事驻扎区。好在这个时候，他幸运地结识了住在同一个宿舍的士兵雅克·贝奈。他们有着相同的苦闷，可以相互倾诉和安慰。雅克还将对战争有着深刻见解的密特朗介绍给罗贝尔，三个人很快成了朋友，整夜谈论战争相关的事情，他们都知道战争已经迫在眉睫。至于对罗贝尔的看法，雅克后来回忆说，这个男人是一个强烈的反法西斯主义者，"我被他吸引，他是一个充满智慧的人"。

不管如何，罗贝尔在军事区的时光过得十分压抑。不过很快一件令他开心的事情发生了，他收到了玛格丽特从巴黎发来的电报："要嫁给你。回巴黎。停下。玛格丽特。"

短短的几个字，却令罗贝尔非常开心，他当即就请了三天假，急匆匆地坐上第一班火车赶回巴黎。那时候，玛格丽特已准备好一切结婚手续，当然，罗贝尔对此完全没有意见，他将玛格丽特介绍给父母认识，告诉他们自己要迎娶这个女孩。

1939 年 9 月 23 日，在第二次世界大战全面爆发时期，罗贝尔在巴黎的第十五区区政府与玛丽举行了结婚仪式。他们只邀请了几个亲人和朋友参加，因为大部分的男人都走上了战场，没有时间赶回来，更何况结婚也是临时起意的。至于他们曾经的好朋友乔治·波尚和拉格罗莱，甚至都没有收到两人结婚的消息，或许玛格丽特和罗贝尔此时依然为他们曾经的三角恋情而尴尬，又或许是结婚在他们看来不过是一种手续。

证婚人也都是临时邀请来的。其中，罗贝尔的证婚人是玛格丽特挑选的，但无论是玛格丽特的朋友，还是罗贝尔的朋友，都表示没有见过这个人，就好像从来没有存在过一样；至于玛格丽特的证婚人则是一个英国记者，他在两人结婚不久后就从人们的视线中消失了，而直到很久之后，罗贝尔才知道这个人是玛格丽特当时的情人。

在证婚人的见证下，双方先后说出了"我愿意"的话语，没有眼泪，也没有特别的事情发生。即使当法朗士第二天专门从西南部的家乡赶过来祝贺时，玛格丽特也只是平静地告诉他，她结婚了，那语气就如同说今天天气很好一样。

后来，当玛格丽特成为一个传奇，人们翻出她的旧事，纷纷猜测为什么她要选择在战争爆发时结婚，又为什么选择了罗贝尔。大部分与她亲近的朋友都认为，是因为现实问题的影响——面对日趋恶化的战争环境，他们需要通过法律来巩固彼此之间的关系。然而，这个观点却遭到了许多人的质疑。玛格丽特从来都是一个随性之人，她完全没有必要依靠所谓的婚姻来给自己提供保障，更何况当时罗贝尔还是前线的一个士兵，随时都有丢失性命的可能。不过，若是回顾一下玛格丽特的家庭环境，就可以了解，当时她母亲的期望，以及她到达适婚年龄的现实，她就这样随意在身边的男人中挑选一个丈夫也不是不可能的事情。而且，她很早就提到过，和罗贝尔在一起有一种安全感，这个男人是她能依靠的兄长，无论是在金钱，还是在感情，抑或是文学创作方面，她从他那里都会得到很好的回应。

我们都不是玛格丽特，无法猜测她的真实想法。不管怎么说，玛格丽特在拥有众多情人之后，与罗贝尔结为夫妻了。随后，战争的环境并没有给他们提供你侬我侬的机会，结婚的当天晚上，罗贝尔便搭火车去了鲁昂，继续他的军旅生涯，而玛格丽特在送丈夫到火车站后，也只是默默地走回了家。是的，这个家是在失去父亲多年之后，在体验多年的颠沛流离的生活后，第一个属于玛格丽特的家。

特殊年代的秘书生涯

在学业上，玛格丽特是一个聪明的女子，在交趾支那是，回到巴黎也是一样。经过四年的学习，她顺利获得了学士学位，并于 1938 年 6 月 9 日进入政府体系下的殖民部工作。

众所周知，她在交趾支那的殖民地上与母亲度过了一段悲情、痛苦的生活，她的母亲经营土地受骗的经历成了她心中难以忘记和不可原谅的事情，可以说，她对交趾支那的殖民地官员甚至比当地人还要痛恨。那么，在毕业后她为什么会选择进入殖民部工作呢？

难道她是想亲自到这个部门看一看，里面到底充满了怎样的骗局？还是说只是一种巧合，是因为殖民部是她当时能够找到的最合适的职位？

在回答这个问题前，我们提一下她的母亲。在玛格丽特进入殖民部的前两年，她的母亲玛丽便正式退休了，她的名字便从殖民地行政署的干部名单上划去，但是玛丽似乎就是一个善变的女人，多年之前她想方设法要离开殖民地，但是当真正获得自由的身份时，她却又改变了主意，争取留用。当然，交趾支那的行政署以年龄为由拒绝了她的申请，不过玛丽并不灰心，一直和行政署保持着联系。当女儿进入殖民部工作之后，她便让女儿去巴黎的殖民部说情。玛格丽特照办了，并因此见到了部长本人，不过她的请求依然没有被采纳，她母亲的小学教师身份没有恢复。

仔细来分析一下这件事情，玛格丽特到法国殖民部工作和母亲的退休时间，前后仅差两年，而这段时期内，玛丽一直没有放弃与殖民部的周旋，始终想要回到自己的教师岗位上，如此一来，玛格丽特进入殖民部工作是因为受到母亲的影响也未尝说不通。

在殖民部工作，玛格丽特的月工资是一千五百法郎，这个数额足以让她在巴黎自给自足，不用再依靠母亲寄来的生活费。像学习一样，她非常努力，每天都埋首在堆积如山的文件之中。由于出色的表现，不久之后就获得了提升，她先是担任法国香蕉宣传委员会的助理，接着是到种植委员会，后来又到了茶叶委员会。正是在这不断调岗的过程中，她熟悉了殖民部的大部分事物，比如说莫伊斯高原的茶叶质量和西非的河流情况等。

除了处理本职工作外，玛格丽特还能在短时间内起草不同主题的文章，以供内部讨论时使用。领导发现了她的文字才能，很快就将她调到殖民部互通信息处，专门为殖民部的部长书写政治发言文件等。

关于这次升迁，殖民部的领导菲利普·罗可有着很大作用，也对她后来的写作生涯产生了至关重要的影响。当时，菲利普直接受聘于殖民部的部长芒戴尔，一旦芒戴尔有政治上的发言需求，菲利普就想到了玛格丽特，并将她介绍给了部长。

芒戴尔是一个雄心壮志的人，在担任殖民部部长之前是法国邮电通讯部部长，不过他的梦想是当国防部长，也曾为此奋斗了很长时间，最后却被他的竞争对手打败了，然后他又要求担任内务部长、航空部长，都未能如愿。更为讽刺的是，他这样一个坚定的殖民主义反对者，最后却被任命为殖

民部的部长。当时的政界和新闻界都对此事进行了调侃，比如
《巴黎的呼声》就评论道："他将在殖民部干点什么呢？晚上他
会给黑人国家的国王打电话，看他们有没有准时到达王宫。"

芒戴尔当然不愿意到殖民部任职，他认为这是一个小部
门，没有资产也没有地位。不过在认识到任命难以更改时，
他却又像固执的狮子一般，想要大干一场，改变殖民部的现
状。因此，他很快组织了一帮心腹，其中最重要的便是负责
对外宣传和发言的菲利普·罗可和皮埃尔·拉夫，而菲利普
则又将他信任的玛格丽特也带进了部长的亲密圈子中。

除了任命自己的心腹，芒戴尔也对殖民部进行了改革，
罢免了许多他认为没有能力的工作人员，从而让殖民部高速
运转起来。而在战争的氛围越来越强烈时，他甚至要将殖民
部培养成法国的"殖民地国防部"，作为法国对抗法西斯的有
力支持。

不得不承认，芒戴尔在战略和军事领域方面的能力十分
强，到 1939 年 6 月时，他领导的殖民地便有了 60 万军队，随
时可以投入世界各地的战斗中。他宣称："从今以后，我们这
些殖民地将对德国和所有的法西斯分子展开颠覆性的战斗。"
然而，法国政府似乎并没有对此加以重视，于是他觉得有必
要组织专门的新闻系统，将自己的政治思想向外界透露。

就是在这样的背景下，玛格丽特成为了芒戴尔的新闻专
员，负责起草、宣传殖民部对外事务。她非常认真，也是这

个职位的不二人选，因为她出生在交趾支那，也在那里度过了童年和少女时期，对殖民地的一切都很了解。除此之外，无论是综合意识、工作能力，还是撰稿速度，玛格丽特也都令人赞叹。她没日没夜地在纸上反复涂写和修改，然后再交给上司菲利普过目。

对玛格丽特来说，这是一段稳定的时光，是她发自内心喜欢的。她一直都希望走上文学创作道路，虽然这时的文字撰写工作还不是真正意义上的写作，也不是她最希望的状态，但是已经和她梦想的生活非常接近了。

初涉文坛，展露天赋

玛格丽特成为殖民部部长的心腹后，最重要的工作便是撰写一本有关殖民地的书籍，用于宣传法国在殖民地取得的"成就"。这项工作由她的直接上司菲利普全权负责，而她则是不可缺少的参与者、撰写者。

玛格丽特对这项工作十分负责，除了为部长芒戴尔准备发言稿之外，她的大部分时间都处于马不停蹄地撰写文字的状态中。不过芒戴尔还是觉得她写作的速度太慢了，一个劲儿地催促她快点，再快点。芒戴尔之所以这样急，是因为1940 年的世界博览会即将召开，他希望借此机会将自己对殖民地的贡献全面展示给世人，同时也向外界宣示法国的强大。

部长如此急切，玛格丽特只能更加辛苦地工作。1940 年 3 月份，这部被部长期待的书籍终于完稿，取名为《法兰西帝国》，并由殖民部办公室的负责人交给伽利玛出版社。显而易见，这是一本具有浓厚宣传性质的书籍，并不是一本通俗读物，可见市场前景一般，再加上当时正处于战争时期，人们没有闲情，也没有金钱来消耗在这样一本"自吹自擂"的读物上。然而，或许是出于政治方面的考虑，出版社营销部的主任最终还是同意出版此书，但在签署的合同中也注明书籍将由殖民部包销 3000 册。

听到这个消息，芒戴尔很开心，他对《法兰西帝国》这本书赋予了巨大的信心，提出要亲自为此书撰写序言。不过当这本书在 4 月份出版时，他的序言却还没有写好。

印刷成书的《法兰西帝国》包括五个章节，共 240 页。关于写作此书的目的，在开篇的序言中就被明确下来：让所有的法国人都知道，他们拥有一个巨大的海外领地，这样的一个帝国，是每个人都应该时刻意识到的。似乎是为了完成这个写作使命，此书利用长篇大段的文字阐述了法国的历史、法国的军事和经济实力、法国拥有的殖民地范围和在殖民地进行的卓有成效的统治。最后，书籍还展望了法兰西帝国的美好未来。

从内容来看，书中的大部分观点都带有偏见性，它是一个特殊时代背景下的扭曲之作。不过，此书也向人们表达了这样一个观念：帝国和它未来的军队能够成为法国抵抗德国威胁的主要力量。尽管后来的事实是法国军队在德国军队面前大溃败，但是芒戴尔能够在政府消极抵抗法西斯入侵的情况下仍然要坚持主动作战，这样的想法还是有可取之处的。

然而，小的闪光点并不能掩盖整本书的非正义思想。无论芒戴尔如何授意菲利普和玛格丽特进行粉饰，从根本上来说，法国在殖民地的统治就是一场罪恶的行为。

有一件事耐人寻味，当时《法兰西帝国》出版时，作者署名为菲利普·罗可和玛格丽特·陶拉迪欧。也就是说，不管玛格丽特是作为第一作者，还是第二作者，她都是在书籍上署名的，但她后来成名之后，却极力否认自己是此书的作者。即使有人找出证据，指出她在向出版社投出她的第一本小说时介绍自己是《法兰西帝国》的作者，但她依然坚称，《法兰西帝国》从严格意义上说并不能算是她的作品，她当时只是奉命行事，是没有选择权也没有自由表达内心想法的权利。

很多人认为玛格丽特是在为自己的"无知"辩解，不过看看当时的环境也是，她面临的压力的确是不能忽视的，如果她不撰写此书，那便只能辞职。更何况，她后来主张的理念、思想和当时这本书中透露出来的观点大相径庭。当然，如果我们抛却政治观点不谈，《法兰西帝国》无论是在结构上，还是在语言方面，都显现出了作者强大的文字功底。或许，玛格丽特从那时候起就做好了走上写作道路的准备。

与芒戴尔预期大卖相反，《法兰西帝国》最终只卖出了 3700 多册，其中 3000 册还是通过殖民部包销实现的。至于它起到的作用，在芒戴尔部长那里确实发挥了至关重要的作用，他将此书送给了总统，而在书籍出版后的当月，他就从殖民部的部长转而被任命为内务部的部长。不过他离开的时候，只带走了最信任的心腹菲利普·罗可，并没有玛格丽特。

1940 年 6 月份，德军对丹麦、挪威、荷兰、比利时、卢森堡等国家和地区完成闪电战后，转而对法国发起全面进攻。直到这时，法国政府才终于从妥协和袖手旁观的政策中醒悟过来，但为时已晚，德军渡过了美丽的塞纳河，逼近巴黎。为了避免巴黎遭到毁灭性的破坏，刚被任命为法军总司令的马克西姆·魏刚于 6 月 19 日宣布巴黎为"不设防城市"。此后，巴黎进行了大迁移，政府迁到了图尔，在巴黎的 700 万人口也随之踏上了通往南方的道路。

芒戴尔是最后一个离开巴黎的，还保留着内务部长的头衔，不过已经没有实权。他的身边跟随着菲利普·罗可、皮埃尔·拉夫以及玛格丽特。玛格丽特的朋友法朗士也在迁移的人口之列，她是跟随国防部代表团逃离的，后来她描述说自己在路上看到了玛格丽特，她精神饱满，身边一直有菲利普与拉夫陪伴。

在图尔的郊区，芒戴尔参加了具有纪念意义的部长讨论会议。在会议结束后，马克西姆·魏刚将军便发布了停战决定，这令芒戴尔非常气愤，他坚称只有勇敢地作战才是正确的。为此，芒戴尔在图尔省政府会见了持有同样观念的英国首相丘吉尔，后来又与法国的戴高乐将军进行了一次长谈。最后，芒戴尔决定离开图尔，向波尔多进发。这次行程的变动对玛格丽特来说是转折点，她没有跟随芒戴尔离开，而是和皮埃尔·拉夫一起继续逃亡。

假如玛格丽特当时选择的是芒戴尔，那么以她聪慧、坚韧的特质，一定会在政治上有所作为。不过她似乎已明白自己内心的真正诉求，她并不喜欢处在权力的中心，也不愿意以政治作为自己毕生的事业，最后她和拉夫一起去了他的表亲玛德莱纳·阿兰斯在布里弗的家中。这个在战争时期给玛格丽特提供帮助的人，后来也成了她一生的朋友，以及她作品最权威的评论人。

作为殖民部流散的公务员，玛格丽特在布里弗安顿下来，并得到了一份稳定的职业，即在省政府中担任编辑。不久，她的朋友法朗士也来到了布里弗。生活，似乎回到了没有发生战争时的状态，玛格丽特一直在布里弗待到了夏天结束，忙碌而充实。在这段战乱的时光中，玛格丽特被传出与同事皮埃尔·拉夫有一段美妙的爱情故事。然而，这段爱情是真的存在，还只是一种被误会的谣言，只有玛格丽特本人最清楚。

当第二次世界大战正如火如荼地开展时，罗贝尔从战场上回到了巴黎。那个时候，玛格丽特也从南方来到巴黎，与丈夫汇合。两个月之后，她便辞去殖民部的职务，一心待在丈夫身边。而罗贝尔则在父亲的帮助之下，进入巴黎警察署当了一名助理编辑。

两人在巴黎的圣伯努瓦街安顿下来，像所有正常的夫妻那样相处，该怎样就怎样。

此时，罗贝尔也与好朋友们重逢了，其中就包括他在军事区的舍友雅克·贝奈和很久没有见面的乔治·波尚。那个时候，雅克白天在外面工作，晚上就到罗贝尔和玛格丽特的家中借宿，因此也与玛格丽特有了较为亲近的接触，"在我看来，玛格丽特是个漂亮姑娘。她和我经常交谈，讲述她在多尔多涅的家庭，也时常提起她在交趾支那的母亲"。

其实，当时和玛格丽特夫妇保持联系的朋友有很多，包括拉夫、法朗士和以前法学院的老同学。他们经常不请自到，和玛格丽特夫妇一起整日整夜地讨论时局，也谈论司汤达、尼采、圣茹斯特等文学和思想巨匠。玛格丽特似乎得到了真正意义上的自由，她将位于圣伯努瓦街五号的这套房子变成了论坛，与志同道合的朋友们一起饮酒，畅所欲言。她甚至也当起了家庭主妇，为丈夫和朋友们烧上香喷喷的洋葱回锅肉和米饭。当然，除了谈话和招待朋友，她也将对写作的热情全面铺展开来，抽空便写上一些文字。尽管玛格丽特当时没有意识到这样的写作会带来哪些变化，但圣伯努瓦街五号却成了她在文学创作上的新起点。

　　当了一段时间的专职家庭主妇,玛格丽特很快便厌倦了这种不够充实的生活,她在书籍组织委员会找到了一份新工作,这个委员会主要负责审读出版物并发放出版证,至于玛格丽特,则是在负责阅读笔记的部门。像之前一样,玛格丽特工作非常认真,但她的朋友则说,此时的玛格丽特就已经一门心思想要出版自己的小说。

第五章

痛苦不是最终结果

被拒绝的《塔纳兰一家》

　　玛格丽特的朋友说得对，在巴黎圣伯努瓦街的时光，玛格丽特几乎将全部心思都投入到小说的创作中。很快，她就完成了第一本小说《塔纳兰一家》的初稿。她将手稿寄给了伽利玛出版社，随着这份手稿寄出去的还有她写的一封自荐信：

　　　　先生：

　　　　也许您对我的名字有所耳闻，因为我是去年在您这儿出版《法兰西帝国》一书的作者。但是我今天寄给您的这份手稿《塔纳兰一家》，和前一本书没有任何关系，那仅仅是我的应时之作。

我寄给您的这份手稿，亨利·克鲁阿尔、安德烈·泰里弗和皮埃尔·拉夫都曾读过。他们都说非常喜欢这本书，竭力劝我寄给您出版。我相信他们的判断，也希望符合您的要求。

> 玛格丽特·陶拉迪欧
> M. 昂泰尔姆
> 杜班街 2 号 6 楼

从信中可以清晰地看到，玛格丽特此时使用的姓氏依然是从父亲那里继承而来的"陶拉迪欧"，而没有采用丈夫的姓氏"昂泰尔姆"，也没有使用她在第一本小说面世时为自己更改的"杜拉斯"之名，不过她将收信的地址写上了丈夫在杜班街家里的住址。

至于玛格丽特为什么会选择伽利玛出版社，其中则有一段巧遇。玛格丽特和罗贝尔回到巴黎后，并没有住到罗贝尔的父母家中，而是独自在外面租房子。就是在寻找房子时，玛格丽特遇到了住在圣伯努瓦街的贝蒂·费尔南德兹。贝蒂是一名作家，她和玛格丽特是在酒吧里相遇，一见如故，在得知玛格丽特遇到的问题后，便给她推荐了圣伯努瓦街五号的公寓，说那儿空出来一套房子，宽敞明亮，价格也很合理。玛格丽特和罗贝尔看了房子以后都觉得很满意，于是便住了下来。

在这里，玛格丽特和贝蒂成为了邻居，更是在相处的过程中结下了深厚的友谊，而这段友谊也为玛格丽特走上写作之路奠定了重要的基础。贝蒂本身就是个作家，她的丈夫拉蒙·费尔南德兹则是伽利玛审稿委员会的成员，而这对夫妻家中更是经常有出版界和文化界的资深人士拜访，比如说德国学院院长卡尔·埃普丁，《新法兰西杂志》负责人德里厄·拉罗歇尔等，他们一起谈论着文化上的新风向，各抒己见。

玛格丽特在这段时间总是"偷偷地"写着自己的小说，但每到周末的时候，她便会到费尔南德兹夫妇的家中串门，加入到活跃的讨论圈之中，尽管她自己的家中也经常有类似的讨论会。她很喜欢这样的相处模式，后来她回忆说："我从来没碰到过比他们俩更具魅力的人，那是一种非常特别的魅力，他们就是善良和智慧的化身……大家从不谈政治，只谈文学，拉蒙·费尔南德兹谈论巴尔扎克，我们甚至通宵听他讲述巴尔扎克。"

尽管与费尔南德兹夫妇非常熟悉，玛格丽特在给伽利玛出版社投稿时，却没有搬出这个友人的头衔，这从她给出版社写的信中也可以看出来，她只字未提与拉蒙的交情。

等待社里消息的时间是漫长的，尤其是对书稿寄托厚望的玛格丽特来说，时间一天天地过去，她依然没有收到任何回复。她的朋友拉夫安慰说一切都很正常，而她的作品也是很好的。拉夫的这种评价是否客观？很多人都认为拉夫当时有些过度迷恋玛格丽特了，因为玛格丽特那同样对文学拥有狂热感情的丈夫罗贝尔是这样评价的：文体不太统一，在叙事的安排上显得松散。

对于罗贝尔的评价，玛格丽特有些恼怒和伤心，却不知道如何反驳，她请求罗贝尔亲自去伽利玛出版社打听一下审稿的情况。罗贝尔的打听也只是无功而返。或许是出于谨慎的态度，出版社并没有告诉他稿件审理的具体情况。从后来披露的档案中可知，其实当时玛格丽特的书稿已经被否定了，只是退稿信还没有来得及寄出去。审读者认为：作者虽然有很好的写作天赋，但是整篇小说的结构较为散乱，没能很好地驾驭主题。此外，作者模仿美国文学的写作风格太明显，尤其是受到福克纳意识流文学的影响很大。

玛格丽特并不知道这些情况，她在等待中愈发烦躁，于是想出了以更改小说书名为借口的方式，再次给伽利玛出版社写了一封信：

先生：

一个半月前，我给您寄了我的小说稿，我暂时想叫这部小说为《塔纳兰一家》或《莫德》，不知道您选定了哪一个书名。如果您能告诉我您的决定，我将感激不尽，因为我将要离开巴黎一段时间。请原谅我的催促。

然而，令玛格丽特觉得失望的是，她等了将近一个月的时间，却依然没有得到任何回复。她觉得自己再也难以等下去了，想要找有关系的朋友们帮忙咨询一下，不过或许是出于面子和自尊的原因，直到这时她也没有向在伽利玛出版社担任重要职位的拉蒙倾诉此事。这一次，她求助的是拉夫。这个男人一直都很欣赏玛格丽特，更希望能够帮助到她，于是，他直接给出版社的所有者加斯东·伽利玛写了一封信，称赞玛格丽特的书稿具有艾米莉·勃朗特的味道，并且委婉地询问了书稿的审读情况："我从拉蒙·费尔南德兹那里得知您将对《塔纳兰一家》这部手稿做出决定。"拉夫不愧是曾经在政府部门供职的人员，说的话恰到好处，他竟然能够这样自然而然地透露出和拉蒙的交情。

很快，加斯东·伽利玛亲自给拉夫回了一封信，说明了对书稿的意见："这是一部很有意思的小说，作者的未来很有希望，但是像这样一部手稿还没有达到出版要求，我们注意到作者还不够成熟，手法稚嫩。"在这封信的最后，加斯东也表明很快会给书稿的作者回复。

这一次，伽利玛出版社的效率非常之高，在当天就给玛格丽特回信了，信件表达的意思和加斯东的回信大同小异，不过发信人同时也邀请玛格丽特进行面对面地交流。

玛格丽特如约前往，接待她的是雷蒙·格诺，也就是给玛格丽特回信的人。雷蒙当时 37 岁，已经出版了 7 部小说，也曾经负责过一家日报社，是一个很有经验的写作者和稿件审读者。他建议玛格丽特放弃美国式的写作风格，采用更为直接、切中主题的语言写作，将文字中隐藏的犀利风格凸显出来。

　　可以说，雷蒙的建议给了玛格丽特很大的帮助，在她文学发展的方向上起到了决定性的作用。因为正是这次交谈，促使玛格丽特逐渐找到了自己独特的写作方式。

　　这次的会面，也让玛格丽特和雷蒙培养了活泼而深厚的友谊。雷蒙自诩为文学生活分析家，他知识丰富，幽默风趣，但也时常以犀利的语言反讽他看不惯的人和事，因此很不被女性朋友喜欢，不过，这样的特质却深受男性朋友的热捧。但玛格丽特是一个异类，她没有像其他女人那样对雷蒙避之不及，而是以极大的热情与他讨论文学。

　　雷蒙成了玛格丽特与丈夫罗贝尔在巴黎圣伯努瓦街的常客，他非常欣赏玛格丽特，给予她勇气，鼓励她继续创作。或许就是在雷蒙的支持和信任下，玛格丽特没有因为伽利玛出版社的拒绝就彻底气馁，她将书稿继续向其他出版社投递。然而，似乎是命运要故意考验玛格丽特对写作的态度是否会恒久，又或许是新人在出版书籍方面很难有优势，尽管玛格丽特带着手稿又去了几家出版社，却都遭到了拒绝。

　　在这个充满艰辛的投稿过程中，玛格丽特的丈夫罗贝尔一直陪伴左右。他为了让玛格丽特不那么伤心，甚至早早赶在玛格丽特之前出门，只是为了到出版社和负责人打好招呼，要他们承认玛格丽特是一个作家。时间就在投稿和退稿的过程消逝了，直到遇到多米尼克·阿尔邦的编辑，她当时为布隆出版社的审稿人，在收到已被改名为《阴谋》的小说稿件之后，她翻阅起来，并产生了一页一页读下去的兴趣。在她看来，小说稿虽然受到海明威和福克纳的影响比较大，不过并不是致命的问题，而且她觉得玛格丽特在文字上有一种吸引人的力量，"不可否认，这个年轻女人的确是个作家"。随后，她竭尽全力地在老板面前游说玛格丽特的作品，最终，玛格丽特的小说稿总算得以见到光明，尽管这本小说直到两年后才以《厚颜无耻的人》的名字出版。

孩子夭亡的伤痛

玛格丽特是一个独立、叛逆、与众不同的女子，在追求爱情时无所顾忌，在性爱体验上没有任何羞涩和掩饰，但是，有一点她与任何女人都是相同的，那就是对孩子自然而然就产生的母爱。玛格丽特说她想要个孩子，从她回到巴黎之后，就不断地和朋友乔治·波尚和雅克·贝奈表达了这个强烈的想法。最后，她也成功说服了还没有做好当父亲准备的罗贝尔。

1941 年秋末，玛格丽特得知自己怀孕了，她非常高兴，尽管进入反应强烈的妊娠期，但是她发自内心的喜悦还是让身边所有的朋友一目了然。然而，这种喜悦之情很快就演变成了一种恐惧，对生养孩子的恐惧，对身体上产生奇怪变化的恐惧，或许这就是现代医学上所说的产前焦虑症吧。她太在意这个孩子了，担心任何会危害孩子的现象发生。由于心理上产生的压力，玛格丽特陷入全面崩溃之中，她几乎活不下去了。好在她的丈夫罗贝尔是一个非常有耐心的人，他安慰玛格丽特，细心照料她。但是，玛格丽特的情况并未好转，有时甚至情不自禁地大喊大叫，而且每天都寸步不离地跟在罗贝尔身边，片刻都不分开。

若细究玛格丽特的这种行为，是真的全部因为孩子带来的恐惧，还是有别的什么原因？有件事不得不说，在玛格丽特怀孕的那段时间，尽管罗贝尔对她照顾有加，但是这个温柔、细心的男人却还是出轨了，一个比玛格丽特更年轻的女子安娜·玛丽出现在他身边，不过他心里也依然是爱着玛格丽特的，所以他和玛格丽特依然像正常夫妻那样生活在一起。那么，玛格丽特是否发现了罗贝尔的秘密？她是因为对生养孩子的恐惧才寸步不离地跟着罗贝尔？

当后来罗贝尔离开她时，玛格丽特说过自己一直有巫婆未卜先知的本事，能够察觉到尚未发生或即将发生的欲望和事件。也许，玛格丽特是知道罗贝尔有了外遇吧，只是她当时离不开罗贝尔，只能任性而悄无声息地进行挽回。

这个时候，玛格丽特的朋友法朗士也怀孕了，她们的预产期在同一个月份。在得知怀孕的玛格丽特情况不好时，法朗士经常到圣伯努瓦街拜访，一起聊天，交流怀孕的心情，也一起挺着大肚子到拉丁区散步。两个朋友惺惺相惜，看着对方的肚子在一天天变大，然而，她们却也面临同样的问题，当时巴黎正处于德军的占领之下，虽然没有遭到摧毁和破坏，但是物资匮乏，很难找到适合孕妇食用的卫生而有营养的食物。

时间一天天过去了，玛格丽特的预产期到了，不过在临产当天，她的状况看起来糟透了。罗贝尔非常慌张，开车把玛格丽特送到她做定期检查的诊所。这是一间教会诊所，设施有些简陋，但不知是出于什么原因，玛格丽特一直在这里检查，并决定在此分娩。生孩子的过程持续了很久，接生的嬷嬷很不熟练，这让玛格丽特觉得很疼，受了很多苦。到了夜里，孩子终于生下来了，是一个男孩，但是却没有像其他刚降生的婴儿那样发出哭声，他刚一出生便死去了，没来得及体会到这个世界的欢乐和无奈。

玛格丽特难以接受这个事实，巨大的痛苦吞噬了她，她昼夜不停地哭泣，却始终难以找回自己的孩子。她也陷入深深的自责之中，觉得她作为一个母亲，却没有能力保护好自己的骨肉，她孕育了他，却也害了他，因此她断定自己是一个罪人。

她的朋友们安慰她，告诉她孩子刚出生就去世，总比养了一段时间去世的情况要好。但这种安慰丝毫起不到任何作用，她依然沉浸在悲伤之中难以自拔。一连好几个月，她都睡不好觉，反复不断地念叨着那无从追寻的孩子："他降临到这个世界是与死亡同步，什么也没有，什么也没留下给我，这空茫真是可怕，我没能拥有过孩子，哪怕是一个小时也没有。我不得不想象一切，我一动不动，只是在想象。"

夭折的孩子成了玛格丽特一生的噩梦，她在许多作品中都以隐性的方式抒写了她的难过。在《毁灭吧，她说》一书中，玛格丽特描写了容颜已经老去的伊丽莎白·阿里奥纳在宾馆中追忆往昔年华的片段，通过这个充满忧愁的女人，玛格丽特写出了她的无奈："我在这里，因为分娩的情况很糟，孩子生下来就死了，我吃了很多安眠药，我一直在睡。"

过了很久，玛格丽特才从悲痛中平静下来，她也开始反思这件事的前后因果，想要找出到底是什么原因夺走了她万分期待的孩子，最后，她将这一切归结于罪恶的战争，认为战争导致她生存在一个物资匮乏、环境恶劣的环境之中，也是战争让医院无法发挥应有的功能，更没有完善医疗设施的能力和聘用有经验的医务人员。

事实上，玛格丽特分娩的诊所的确有不可推卸的责任。在玛格丽特的状况稳定之后，她的朋友们都以委婉的语气责问她，为什么要选择这样一间设施落后、嬷嬷也没有经验的小诊所。显而易见，这个问题是没有答案的，或许是因为诊所离她比较近，或许是她当时还没有意识到一间不合格的小诊所会带来怎样恶劣的影响。

在玛格丽特的孩子去世之后，由于身体和精神状况不好，她又在诊所里住了一段时间。最初的时候，嬷嬷们会以公式化的语气告诉她，孩子去了天堂，会像天使一样生活："他是一个很漂亮的小男孩，我们用布把他包起来了，您的运气还不坏，我还能有时间给他做个洗礼。所以，他是个天使，一直向天上飞去，他是您的保护神。"

　　然而，当时的玛格丽特始终没有从悲伤中恢复过来，她日夜哭泣，还以可怜的语气反复询问孩子的样貌，嬷嬷们终于不耐烦了，对待玛格丽特的态度也越来越恶劣。从玛格丽特去世后被发现的日记中便可揭示当时的情况：

　　　　"您真的不要领圣体，也不要神父，甚至不想向圣母献花？"

　　　　"没必要这样大事宣扬，我不要。"

　　　　"而您竟敢抱怨？您不给圣母鲜花，却自己在这儿不断哼哼，抱怨自己的孩子死了。"

　　　　"我没有抱怨，出去。"

　　　　"我是主事嬷嬷，我想什么时候出去就什么时候出去……您为什么一天到晚哭个不停？瞧瞧我在你桌上发现了什么？谁给您的橘子。"

　　　　"玛格丽特嬷嬷。"

　　　　"橘子在我们这里是给妈妈的，给生下孩子的妈妈，给孩子喂奶的妈妈，不是随便什么人都能得到橘子。"

　　嬷嬷们不仅羞辱玛格丽特，让她本就难过的心情反复受到伤害。更让人气愤的是，当事故发生后，这些嬷嬷为了所谓的名誉也在想尽办法推卸责任，她们指责玛格丽特在生孩子时不够用力才导致孩子的死亡。"这是您的错，他死了。"如此恶毒和没有担当的言语，实在是让人发指。

除了无尽的伤害，玛格丽特最终什么也没有得到。在这间诊所之中，死去的孩子都要烧掉，而她的孩子，最终化成了一缕青烟。

孩子再也不会回来了，玛格丽特和罗贝尔之间的关系也变得微妙起来。罗贝尔一直陪伴在她的身边，无微不至地照料她，这样的温柔和细心感动了许多人。而玛格丽特此时更是离不开罗贝尔了，她厌烦其他人，只要罗贝尔。她对罗贝尔说："我不要别人来看我，除了你，我谁也不要。"然而，尽管两人在精神上还紧密联系在一起，但是孩子的死亡还是给他们的关系带来了裂痕，他们再也回不到从前的感情了。即使当玛格丽特从这次打击中恢复过来，甚至投入到帮朋友营救她那被关在集中营的丈夫，她却再也回不到从前了。她觉得自己没有能力为罗贝尔生下孩子，这让她不能原谅自己。他们还在一起，却已经开始远离。

再一次面临生死别离

有时，人们常以为遭受过一次苦难的打击，命运之神便会眷顾自己，之后便是幸福的生活，或者至少是平静无波的。但是生活就是那样肆意妄为，偏偏要你体验屋漏偏逢连夜雨的感觉，要你感受什么是浸入骨髓的痛。

对玛格丽特来说，此时接二连三的命运便和她较真了。

她刚刚失去自己的孩子，还没有从悲痛中缓过神来，却又惊闻她的小哥哥保罗——她在这个世上唯一还在乎的亲人，也去世了。

小时候的保罗，是一个特征鲜明的男孩，懦弱、胆小、哭哭啼啼。在许多人看来，这个男孩真是一无是处，不过在玛格丽特的心中，他却占有重要的地位，是玛格丽特在那个所谓的家里唯一还眷恋的亲人，也是她从少女时期就开始保护的亲人。

这个男孩不仅软弱胆小，学习也不好。他在学校里什么知识也学不到，成绩糟糕至极，后来他的母亲玛丽绝望了，不再奢望他会有远大的前程，便决定让他学一门技艺。他被送到函授学校学习会计课程，不过就像他懦弱的性格一样，他在学习上一直没有毅力，三天打鱼两天晒网，再加上玛格丽特一家在殖民地时总是不停地迁移，于是函授课程中断、从头开始，反反复复地循环。即使这样，玛格丽特那倔强的母亲也没有放弃，她坚持了许多年。不过保罗始终是一事无成，到最后由于年龄实在太大了，他不再去念书。

或许在保罗的内心深处，他也不想这样唯唯诺诺地活着，但他就是养成了这样的性格。从根本上来说，他是一个受害者，是母亲过度溺爱大哥皮埃尔的受害者，是生活在皮埃尔残暴阴影下的可怜虫。

对于保罗在童年时期的困苦局面，玛格丽特早就洞悉了其中的根源，她对小哥哥的童年非常同情和怜悯，"他也是一个人，大哥却把他死死地压在下面"。好在皮埃尔最后被送回法国了，这样保罗和玛格丽特也才有机会自由自在地成长。

然而，没有大哥皮埃尔带来的噩梦，这对兄妹的生活依然很困苦，因为他们的母亲玛丽在这个时候陷入了经营土地却被欺骗的窘境之中，失去了所有财产。他们在堤岸边坚守着，不知道生活的希望在哪里。

这段黑暗的经历，充满了玛丽的泪水和绝望，也促使玛格丽特对殖民政策恨之入骨，然而，对保罗来说却是他成长的阶段。他长大了，是家里唯一的一个男人，当大哥拿着母亲的钱在法国过着花天酒地的生活时，他成了母亲和玛格丽特的依靠，使她们在面对殖民地行政署官员的丑恶嘴脸时不至于那么害怕。在《抵挡太平洋的堤坝》一书中，玛格丽特用充满张力的文字描述了小哥哥的化身"约瑟夫"在面对殖民官员的场景：

> 他跑到自己的房间里，拿着他的毛瑟枪又出来了。他又笑了起来。母亲和苏珊愣愣地瞧着他，只字也不敢对他说。他要去把地籍员杀死。一切都将改变，一切都将就此结束；片刻间就完结，一切都将重新开始。约瑟夫把他的毛瑟枪抵在肩上准备射击，瞄准了地籍员，准确地瞄准他，最后一秒钟，他冲天抬起枪管，朝空中射

击。令人沉闷的肃静。地籍员竭尽全力拼命向汽车跑去。约瑟夫放声大笑。然后，母亲和苏珊也大笑起来。……从此，地籍员只是邮寄书面"警告"。他再也不来视察了。

这是真实发生的事情？还只是玛格丽特希望小哥哥保罗变成这个样子？

尽管详细的情节没办法考证，不过保罗在这段时间的确是成长起来了。他不再哭哭啼啼，而是成为一个强劲有力的小伙子了，酷爱狩猎、行为大胆、藐视世俗。玛格丽特比以前更加喜欢小哥哥保罗了，如果说之前是女性出于爱护可怜孩子的温柔天性，那么当保罗变得强大时，她则是欣喜的，就像自己的孩子终于长大成熟时所获得的喜悦。

然而，玛格丽特并没有和保罗待在一起，当她回到巴黎念书时，他们便分开了。保罗在交趾支那的行政署找到了一份买卖汽车的工作，从此便和母亲长久待在那片热带土地上，而玛格丽特也没有再回去过。

在这段分离的时光里，玛格丽特给母亲写过很多信，但和保罗的通信却没有那么频繁。从玛格丽特和丈夫罗贝尔结婚时，保罗写的信可知，她只给保罗写过两封信。然而，不管联系的频繁程度怎样，保罗却始终是玛格丽特心中最特别的亲人。她以为，这个变成男人的小哥哥可以保护自己了，却没有想到，一切不过是一厢情愿。

接到母亲的电报时，玛格丽特毫无准备，惊惧，难以相信。她的小哥哥一年之前才刚刚订婚，遇到了自己喜欢的女人，生活安定下来，这会怎么突然就去世了？

玛格丽特不愿意相信这个悲剧，不过，利落简便的几个字"保罗去世"却时刻提醒她，一切都是真的。她缩作一团，几乎不能动，难以呼吸，再一次反反复复地失眠。

对玛格丽特来说，保罗的死有些奇怪。那是一个晚上，保罗突然告诉母亲，自己的呼吸有点困难，然而西贡的医生当时却出去会诊了，于是母亲觉得等医生回来再说，而保罗的未婚妻也同意了这个决定。不过，看着保罗的情况越来越不好，母亲坚持不下去了，将保罗送往医院。但一切都为时已晚，保罗很快就停止了呼吸。他的未婚妻后来描述了当时的场景："他一直都很清醒，感到害怕。我握着他的手直到他永远闭上眼睛。母亲也在他的身边。"

情况怎么会这样？保罗一直都很健康，为什么会突然发病死亡？

医生的诊断稍微有点不一样，有的认为是突发性胸膜炎，有的则断定是没有被发现的传染性肺炎。无论原因是什么，医院当时也无法救治，就是常备的盘尼西林等青霉素药物也没有，结果保罗的肺部由于持续高烧而没有一点抵抗力，最后因过度感染而死亡。

玛格丽特没有回去参加小哥哥保罗的葬礼，对她来说，葬礼不过是一种没有意义的送别形式。然而，她的母亲玛丽却不得不忍着丧子之痛安排葬礼的一切事物。那是在西贡的教堂，里面挤满了前来送行的人。玛丽穿着一身黑衣孤独地坐在第一排，没有人上前安慰她，她的眼里有些湿润，目光涣散。她在想些什么？是否觉得愧对了自己这个小儿子？

保罗永远离开了，被葬在西贡殖民地的罗望子树下。在玛格丽特有生之年，她始终未曾回去看望过保罗的墓碑，尽管她在保罗死后很长一段时间都没有开口说话。

在婚外情中难以自拔

经历出版小说失败和至爱之人相继去世，玛格丽特的生活一直处于悲痛中，她越来越难以忍受在空荡的屋子里独自待着的感觉，总是情不自禁地胡思乱想。在艰难忍受一段黑暗的时光后，她决定重新回到工作之中。或许，只有忙碌的生活才能抚平那些伤痛。

1942 年 7 月，玛格丽特进入书籍委员会工作，职位是出版证检查分配处的秘书。顾名思义，检查委员会的主要工作内容就是通读所有的稿件，判断是否值得出版，又是否能够出版。其实，在巴黎被德军占领的情况下，在巴黎的出版物被德国宣传部严密监控的情况下，所谓的出版审查就是排除一些不被"看好"的出版内容，因为德国宣传部会"将它不愿意看到的出版的书审查删去"。至于最终发放的出版证数量，委员会也没有决定权，而是要提交一份清单给德国宣传部，由宣传部决定出版证的分配。

玛格丽特作为委员会的秘书，仪容优雅、表达流畅，有一定的权利，特别是在纯文学领域。当时她管理着四十人左右的下属，在她可指控的范围之内，大家都听她的。这些下属负责审读书稿，然后再将意见呈报给她，由她做出是否出版的决定。

有一件事充分说明了玛格丽特在当时的地位。当诗人克洛德·罗伊想要出版他的诗集时，他首先去找出版社的相关负责人，不过他得到的答复是出版证很少，他们没有权利决定出版的事情。"态度好一点，去见一见书店俱乐部的那位夫人。"出版社的人最后给克洛德·罗伊提出建议。就这样，克洛德有了与玛格丽特的第一次会面："在我看来，陶拉迪欧夫人是个小个子的善良男人，非常活泼。她当时问我，'您的诗是关于什么的？'我回答她是'爱情'，结果她笑了，当即就回复我说'您会有出版证的'。"

玛格丽特在书籍委员会待了近一年的时间，在这段时期内，出版界面临着德国严密的监控，她只好尽己所能地帮助他人摆脱审查，使更多的优秀著作得以见到天日。当然，为了这个任务，她也不得不参加各种会议，和德国人周旋。然而，从 1942 年夏天开始，德国宣传部对新书的出版审查越来越严格了，要求书籍委员会提供的新书阅读报告也越来越细。

为了应付德国宣传部，玛格丽特不得不招纳更多的审读人员。就是在这个时候，她认识了迪奥尼斯·马斯科罗。当时，迪奥尼斯是哲学专业的学生，不过没有拿到毕业证，为了生活，他在伽利玛出版社找到了一份工作，而与玛格丽特见面的原因则是代表伽利玛出版社来说情。这样的场景让人觉得搞笑，在一年多前，玛格丽特为了出版自己的小说而苦苦等着伽利玛出版社的消息，体会着被拒绝的痛苦和失落，如今，这个出版社却不得不为了出版证反过来求她。那么，玛格丽特的态度是什么样的？

她毫不手软地将迪奥尼斯挖到了自己的团队中。当然，迪奥尼斯同意了，很快就成为书籍委员会的审读者，报酬是审读一本书得到大约150法郎。

在这次见面中，玛格丽特除了为委员会招来新的工作者，同时她也为自己找到新的灵魂和肉体上的伴侣。她对迪奥尼斯一见钟情，在她眼里，这个还有些羞涩的男人非常英俊，"像上帝一样英俊"。同样，玛格丽特给迪奥尼斯的第一印象也非常好，他认为这个女人活泼可爱、漂亮优雅，同时又有些不同寻常。显而易见，他们都被对方吸引住了。

玛格丽特是一个追求享受的女人，尤其是在性爱满足上。她似乎忘记了自己已经结婚，又或许是她想要报复丈夫罗贝尔的出轨行为，总之，她表现得像个风流女人，使出浑身解数想要征服迪奥尼斯。她带着他到旅馆里厮混，甚至能消耗掉整个下午。迪奥尼斯后来描述了两人相处的模式："她总是要我对他说'我爱你',但是当时我不习惯说这样的话……她还对我说她非常喜欢肉体之爱,我们彼此之间都存在着欲望。"

当然,玛格丽特和迪奥尼斯之间并不仅仅是你情我愿的欲望,他们大部分时间都在谈论文学,谈论他们喜欢的作家。迪奥尼斯迷恋法国批判现实主义作家司汤达,他还推荐玛格丽特读司汤达的作品,比如说《红与黑》《巴马修道院》等,但玛格丽特则更迷恋巴尔扎克的写作风格。

他们几乎天天腻在一起,培养出一种难以割舍的爱情和信任感。玛格丽特经常和迪奥尼斯谈论她在交趾支那的生活,仿佛是一种平常的回忆,又好像是难以割舍的怀念。她说起热带土地上的雨后味道,也说起夜晚时天空的湛蓝颜色,以及母亲在堤岸边的沼泽地。而一旦说到沼泽地的话题,她的眼里便流露出异样的目光,她说喜欢走在那里的黏糊感觉,接着就情不自禁地要谈论她的母亲。在玛格丽特眼中,尽管母亲对她漠不关心,不像对大哥那样关爱自己,但是她就是常常提到母亲的不幸、疯狂和执着。

没过多久,玛格丽特和新认识的情人开始谈起她的丈夫罗贝尔。此时的罗贝尔还和安娜·玛丽保持着情人的关系,不过他对玛格丽特的爱情还是没有改变,就如同玛格丽特喜欢上了迪奥尼斯,却依然也喜欢罗贝尔一样。玛格丽特几乎没有任何隐藏,将她和罗贝尔之间"各自自由"的生活告诉迪奥尼斯。"她对我说刚宣战时,就和罗贝尔结婚了,因为她要为他们之间的这份更像友谊的爱情盖上正式的章，她说他们之间有一种亲和力。"

除此之外，玛格丽特还将她与历任情人之间的交往，也都一一向迪奥尼斯交代清楚。从这儿可以看出，玛格丽特在婚后的确是和一些男人有着暧昧的来往，不过她并不觉得那是对罗贝尔的背叛。然而，和迪奥尼斯在一起却不一样了。"我们在通奸。"迪奥尼斯承认得毫无顾忌，正如同玛格丽特谈论性爱时一样的坦白。

交往六个月之后，迪奥尼斯将玛格丽特带到父母家，似乎想将他们的关系公之于众。而玛格丽特则将这个情人堂而皇之地带回家里，介绍给丈夫罗贝尔。对此，迪奥尼斯的看法是："认识罗贝尔，能够让我更了解玛格丽特，她对他非常尊敬。她总是对我说，如果您认识罗贝尔，您就会知道我是一个对男人要求很高的女人。"

在玛格丽特的安排下，这场正牌丈夫与英俊情人之间的会面很快展开了。两个男人一见如故，迪奥尼斯大方地承认自己从来没有见过如此优秀的男人，他像玛格丽特一样，把罗贝尔当成兄长看待，甚至尊敬他、爱他超过自己的三个兄弟。渐渐地，两个身份尴尬的男人建立了深厚的友谊，他们彻夜长谈，互相尊重。值得一提的是，迪奥尼斯知道所有的事情，而罗贝尔还没有发现迪奥尼斯与自己妻子之间的秘密，更没有被明确告知真相。

　　然而，就在与迪奥尼斯结识不久后，罗贝尔忽然产生了闲情逸致，决定带着玛格丽特到杜省去度假，当时迪奥尼斯不在邀请之列。

　　对于罗贝尔的这个决定，玛格丽特有了不好的预感，她在离开巴黎前写信给迪奥尼斯，告诫他要小心行事："他似乎怀疑了什么，因为他给《新法兰西杂志》打了电话，询问我和你是不是在一起。如果你遇到他，你应该做好准备，别说得太多。我没有和你在一起。"显而易见，玛格丽特此时还是害怕罗贝尔发现她和迪奥尼斯之间的情人关系。

　　最终，带着对迪奥尼斯的不舍，玛格丽特跟着罗贝尔去度假了。然而，她却无时无刻不被相思折磨着。她和罗贝尔一起出去散步时，脑海里始终想着的是不在身边的迪奥尼斯。时间似乎也变得格外漫长起来，她不敢独自回到巴黎，不敢让罗贝尔发现心中的真实想法，更不敢告诉对方自己和迪奥尼斯之间存在的婚外情。不过，她还是抑制不住自己的思念，总是偷偷地写信给迪奥尼斯，表达她对他的强烈感情和欲望："每天我都在问自己，没有你的日子我该怎么过……最好有一天你能对我说，给我发封电报说你爱我。我要你，我也不知道自己写这些奇怪的话是干什么。我将在你的怀抱中睡去。"

　　玛格丽特在这种思念中备受煎熬，日渐消瘦，而她为了向丈夫罗贝尔隐瞒，几乎用上了各种偷情女人都会用的谎话、诡计。她厌烦罗贝尔对自己的关心，以写作为借口逃避着他，当然，最让她难以忍受的是，迪奥尼斯对她的态度始终不够明朗，她觉得自己是疯狂地爱上了迪奥尼斯，但是她感觉这个男人爱得不如她热烈，也没有要永远和她在一起的打算。当然，玛格丽特的猜测没有错，迪奥尼斯在和她在一起时，也时常与他的小情人幽会。

到夏天即将结束的时候，度假也结束了，玛格丽特面临的这般折磨总算减轻了，因为她和罗贝尔回到了巴黎。罗贝尔继续和他的小情人安娜你侬我侬，玛格丽特则如愿以偿地回到迪奥尼斯的身边。她不知道未来该怎么办，但就是沉浸在这种婚外情中难以自拔。

关押之谜与"痛苦"之源

二战中的巴黎，尽管保持着平静的风貌，但却掩盖不了被德军占领的事实。而且，法国的爱国人士不能容忍也不允许它永远被占领。他们许多人都像战士一样抗争，比如被关进监狱的芒戴尔、被枪杀的菲利普·罗可以及从德国逃回来的让·拉格罗莱和雅克·贝奈等，他们始终没有放弃对国家和正义的热爱，始终用自己的力量进行抗争着。

罗贝尔也和他的好朋友一样从事着爱国行动，此时他已经从警察署离开，成为了工业办公室信息资料处的专员。他经常利用职务之便，将被怀疑对象从黑名单上一笔划掉。而他和玛格丽特在圣伯努瓦街的房子则成了朋友们秘密聚会的地方，而其中有一位朋友雅克·贝奈，一直跟随在政治家弗朗索瓦·密特朗的身边从事着"抵抗运动"。这位密特朗先生后来成为了法国政坛上的重要人物，并于 1981 年成功当选法国总统。

在雅克·贝奈的影响下，罗贝尔和玛格丽特也加入到抵抗运动中，为了更好更安全地从事这个活动，玛格丽特辞去了在书籍审查委员会的工作。她协助丈夫罗贝尔一起招纳更多的新成员，并充当着信使的角色。对此，雅克·贝奈评价了玛格丽特的行为："她让自己成为了一个有用的人，而且总表现出非常乐意的样子。她也是我们联系的中介，我们让她做什么，她就做什么。自从她让我们住进她的家里，她就承担了所有的风险。"

无疑，玛格丽特和丈夫罗贝尔作为抵抗运动的普通人，为此付出了许多。

到 1944 年，抵抗组织从事的活动越来越多，特别是密特朗成为组织的正式领袖后，他们的行为便形成了组织性、计划性和规模性。但是，组织内的核心成员面临的压力也越来越大，因为他们发觉每次行动几乎都会遭到保卫队和盖世太保的围捕。行动是保密的，是小心翼翼进行的，盖世太保们是怎么发现的？随着被捕次数的增多，他们怀疑组织内出现了告密的叛徒，于是行为更加谨慎。

然而，悲剧还是发生了。对从事抵抗运动的人来说，6 月

1 日是个充满悲伤的黑色日子。

按照之前安排的计划，抵抗运动的部分组织成员要在巴黎的查尔斯·弗洛盖街举行一次重要会议。当会议正进行时，门铃突然响了起来。密特朗亲自去开门，来人提出要见"贝拉尔"。贝拉尔是让·贝尔丹的化名，只有组织内部的人才知道，当时密特朗没有怀疑，将贝拉尔叫了过去。结果当贝拉尔走到门口时，来人却突然拿出手枪瞄准他，低声命令他跟着离开。密特朗意识到事情发生了变化，但为时已晚，他只能看着脸色苍白的贝拉尔被带走。

这一次遭到的变故，让密特朗等人更加怀疑组织中出了叛徒。后来，当巴黎得到解放后，密特朗坦诚了自己的看法，"毫无疑问，当时肯定有人叛变了，我已经有所怀疑，但是又不能说出来，因为我没有证据。我的疑心只能越来越大，甚至疑心某些小组成员。"

在这件事情发生的同一天，罗贝尔父母居住的杜班街也出现了变故。原本，罗贝尔和迪奥尼斯、密特朗、乔治·波尚、玛丽·路易斯、菲利普夫妇、让·穆涅等人约定 18 点召开会议。会议开始前，罗贝尔负责接待，让·穆涅是第一个到的人，玛丽·路易斯和菲利普夫妇随后也到了，迪奥尼斯正在赶过去的途中，而乔治和密特朗则约好先在咖啡馆碰面，然后一起步行到杜班街。然而，当密特朗打电话过去时，他却听到了一个女人用非常严肃的声音回答道："先生，您打错了。"他听出来这是玛丽·路易斯的声音，于是他敏锐地意识到事情出现变故了，便气喘吁吁地跑到咖啡馆，告诉乔治不要去杜班街，而等他再打电话确认。

密特朗不知道的是，就在几分钟前，让·穆涅从窗户里看到对面的街道上有一个大人物带着两个警察巡视，他意识到事情不妙，立即冲下楼梯，向外跑去。警察拦住了他，让他出示证件，他推开警察，迅速跑掉了。不久之后，他便看见警察压着罗贝尔、保尔·菲列普走了出来，而菲利普夫人、玛丽·路易斯等人则被关在房间中。等密特朗再次拨通电话时，玛丽·路易斯再一次用不容拒绝的语气说道："先生，我已经和您说过了，您打错了。"这一次，密特朗确定事情有变，他立即通知其他人不要前往，而逃走的让·穆涅也在同一时间告诉了许多同伴。其中，迪奥尼斯是在彭马歇商店前收到的通知，但他并没有立即逃走，而是跑到圣伯努瓦街的公寓，将藏在壁炉里的名单和地图扔进下水道里。当然，被抓的罗贝尔手中也有一份军工厂地图，幸好在被问话前及时将地图吞下去了。

玛格丽特也接到了示警电话，不过由于她并未参加杜班街的会议，密特朗没有告诉她实情，只是说圣伯努瓦街正在发生火灾，很快就会蔓延到她居住的公寓，让她赶紧从家里出来。玛格丽特照做了，后来在修道院与密特朗会合。

见面之后，密特朗讲述了事情的前因后果，玛格丽特这才知道丈夫罗贝尔被盖世太保抓走了。她的情绪又陷入激动之中，尽管在从事抵抗运动时已经做好会遇到困难的准备，但当灾难真的来了，她还是处在惊惧和焦躁之中，整夜地失眠，甚至表现得有点神经质。

看到玛格丽特的状态，密特朗有些自责，他觉得是自己连累了罗贝尔。不过他作为抵抗运动的领袖，只能从大局出发，让玛格丽特暂时中断与其他成员的联系。在这期间，迪奥尼斯一直陪伴在她的身边，安慰她、鼓励她。

待玛格丽特的情绪稍微稳定下来后，她便开始不停地奔波，想要打探出丈夫被关押的地点。最初，她想到去盖世太保的办公室里等候，不过当她赶到索塞街，发现那里已经有一百多个女人候在那里了。排队的人很多，场面也有些混乱，但是玛格丽特只能等待。

玛格丽特在盖世太保的办公室前等了一天一夜，没有一点作用，那儿的人不曾提供任何线索，并且不耐烦地告诉她下次再去。不得已下，她又到火车站守候，希望能在车厢里发现丈夫，然而，她依然什么也没等到。这时她又听到传闻，被逮捕的人很可能被送往弗莱斯恩监狱。怀着一丝希望，她收拾好一个包裹，和其他十多个同病相怜的家属们一起赶往监狱，在那儿的候见室里耐心等着。这一等就是几个小时，直到看守监狱的人因为空袭的警报声，把他们全部赶了出去。此后，玛格丽特又去了几次监狱，不过都没能见到罗贝尔。

她一无所获，在朋友的建议下还是去了索塞街，等了三四天之后，她才终于得以进入德国警察署的办公室，结果，负责发放包裹许可证的人始终不在。当然，这次的索塞街之行并不是完全没有收获。她在走廊里等候的时候，遇到了一个大人物——查尔斯·戴瓦尔。

玛格丽特请求戴瓦尔将自己在警察署里的通行时间延长一些，以便她能够有机会得到包裹许可证。结果，当玛格丽特将材料交给戴瓦尔时，他却告诉玛格丽特，杜班街事件比较严重，也是他亲自逮捕了罗贝尔。

不管如何，玛格丽特第二天还是如愿出现在警察署之中。当她继续站在走廊里等候时，戴瓦尔挽着一个脸色苍白、虚弱的女人走过来，上前与她交谈，自然而然地谈论起刚发生不久的大逮捕事件。他说差点就拿到了地图，并询问玛格丽特是否认识她丈夫的朋友。玛格丽特的回答则聪明多了："我不清楚，或者说我一点也不清楚吧，我只是写书的，对别的任何事情都不感兴趣。"戴瓦尔没再继续追问，显然，他知道玛格丽特什么也不会说，而他谈话的兴趣则从抵抗运动的组织网，转换到玛格丽特的文学创作方面，他一直都对知识分子有一种倾慕感，也希望成为他们之中的一员。至于玛格丽特呢，当然是愿意和戴瓦尔发展出交情，她还指望通过戴瓦尔保护丈夫罗贝尔，甚至将丈夫从监狱中救出来。

只是谁也没有想到，玛格丽特和戴瓦尔的"交情"，竟是渐渐变了味道。

随着玛格丽特和戴瓦尔见面的次数越来越频繁，她的朋友乔治·波尚等人都认为她是在玩火。在他们心里，很不能理解玛格丽特的行为。她是为了营救罗贝尔而勾引戴瓦尔吗？

的确，在玛格丽特心里，一直将戴瓦尔当作救世主，她想要通过戴瓦尔得到丈夫的消息，也希望通过他救出丈夫。只是她不知道的是，戴瓦尔故意夸大了自己的作用，让玛格丽特相信这个看守监狱的警察无所不能，但实际上他根本掌握不到确切有用的消息。不过，玛格丽特就是被这种假象迷住了，当戴瓦尔约她出去时，她欣然应允。甚至后来也向密特朗询问，她是否要继续与戴瓦尔周旋。

密特朗当然明了玛格丽特的心思，也十分担心被捕的罗贝尔和玛丽·路易斯的安危，最后他在和抵抗组织的核心成员商量之后，同意了玛格丽特与戴瓦尔的"约会"。但是，他也认为玛格丽特这样做很危险，便让穆涅和他手下的小伙子在周围保护玛格丽特。

玛格丽特和戴瓦尔的约会非常频繁，至少一周有一两次。一般情况下，都是戴瓦尔在中午的时候打电话给玛格丽特，约她当天出来。玛格丽特几乎处于随叫随到的状态，但是她也只能如此，为了她想知道的消息，她似乎成了戴瓦尔的俘虏和猎物。但是，情况的发展并不乐观，戴瓦尔在很长的时间内都未提供有用的线索。有一天，他终于大发慈悲，告诉玛格丽特，罗贝尔将要从弗莱斯恩监狱送往德朗西。她立马到弗莱斯恩去打探情况，接着马上给在圣伯努瓦街的迪奥尼斯打电话，让他带上香烟和糖果尽快赶到车站。然而，他们谁也没有看到罗贝尔。后来，玛格丽特还是从传闻中得知，罗贝尔将要被送到贡皮埃涅。她在站台上奔跑，见到了被关在囚车中的罗贝尔，她大声叫唤着他。

玛格丽特再次请求戴瓦尔帮忙，然后这个男人提供了贡皮埃涅监狱中心一个女秘书的电话，并索要了能够用于受贿的财物。

抵抗运动组织的人们怀疑戴瓦尔是否真的能派上用场了，而在危机重重的环境下，他们也在担心玛格丽特和戴瓦尔之间的关系，他们觉得玛格丽特似乎过于投入到这场游戏中，仿佛和戴瓦尔发展出了一种"私情"。为了谨慎起见，密特朗和乔治等人商量，一致决定把戴瓦尔杀掉。迪奥尼斯主动承担了这项工作，他和抵抗运动组织的核心成员制定了许多计划，但是戴瓦尔非常谨慎，总是选择在露天的场所与玛格丽特约会。即使玛格丽特邀请他到圣伯努瓦街的公寓之中，他也只是拒绝。直到最后，迪奥尼斯也没能将戴瓦尔杀死，不过他在巴黎解放后被政府执行枪决了。

玛格丽特和戴瓦尔之间的关系持续了三个多月，她是否真的像有些人认为的那样，看上了戴瓦尔？或许，她一开始的时候是着迷于与戴瓦尔的互相征服的游戏而难以自拔。不过当失望一次次袭来时，她认识到戴瓦尔在营救罗贝尔的事情上什么也帮不到时，她还是能够全身而退，帮助迪奥尼斯去执行杀掉戴瓦尔的任务。

后来，玛格丽特根据发现的两本记事簿上的文字记录，将丈夫被捕的这段经历，以及她与查尔斯·戴瓦尔之间发生的事情，以独特的笔法写作成书，这就是 1985 年出版的《痛苦》一书。在前言中，她声称自己所说的一切都是真的，包括最细的细节。

第六章

一朵花静静盛开了

第一部小说的诞生

　　热爱写作的玛格丽特，面对第一本小说的失败并没有灰心，也没有放弃这本书，特别是在得到布隆出版社的认同之后，她更是卖力地修改小说的文字和全书的结构，以达到编辑提出的出版要求。

　　每天晚上，她都将自己关在房间中，修改由她创造的"塔纳兰一家"的故事中。此时，迪奥尼斯已经来到了玛格丽特的身边，他和罗贝尔一样，都成了玛格丽特小说的最重要读者。不同于罗贝尔对玛格丽特的赞赏，迪奥尼斯总是打击玛格丽特，挑出各种各样的毛病，不过玛格丽特并不因此而生气。这正如迪奥尼斯后来回忆的那样，"她并不自负，很尊重我的意见，尽管我只是一个刚进伽利玛文学编辑室的人。"

玛格丽特一生奉为挚友和导师的格诺在这时也起到了很大的作用。尽管他作为伽利玛的资深编辑，拒绝了玛格丽特的第一部作品，但是他并没有拒绝玛格丽特这个人。他始终在鼓励她，相信她一定会成为一名合格的、令人惊奇的作家。这在备受打击的玛格丽特来说，无疑是最好的激励。她因此坚持下去了，没有放弃自己的文学志向。

1943 年，经过反复修改和调整的小说，终于在布隆出版社出版了，书名从《塔纳兰一家》改为《厚颜无耻的人》。然而，当自己的文字终于变成了完整的作品后，玛格丽特的兴奋却并没有持续多久，甚至在后来的很长一段时期内，她都拒绝承认和故意遗忘这本书的存在。这从玛格丽特于 1963 年3 月在《现实》杂志中一段话中也可以看出来："很糟糕，但是不管怎么说，小说已经在那里了。我没有再读它，因为写下来的就已经成了既定事实，我从来不倒过去再读。当时谁也不要我的这本小说。德诺埃尔出版社的人甚至对我说：'您白费工夫，您根本成不了作家。'"

显而易见，玛格丽特说这段话时是有怨言的，曾经被拒绝的狼狈经历始终没有从她的脑海中得到清除。她不自信，似乎在一次次的打击中也对自己产生了怀疑，以至于她费尽心思终于出版了自己的小说，却不能像对待孩子一样去爱她，而是选择了冷漠的态度。这样的心思，对当时的玛格丽特来说是可以理解的，她还是一个写作新人，却始终没有找到认同感，甚至在小说出版后，读者也漠不关心。除了身边的好友，几乎没有人读她的文字，没有人谈论她的小说，甚至是批评的话语都吝啬讲给她听。

这是一种什么样的难过？她牺牲了多少个日夜写出来的文字，她抱着巨大的期望等来的小说，为什么会面临这种境况？玛格丽特不甘心，而随着时间的流逝，这种不甘心也慢慢地演变成了对小说的漠视。然而，当玛格丽特在多年后用实力证明自己，当她能够成熟地看待过去的自己和文字时，她还是客观地评价了自己的这本处女作："我们有时很蠢，写的第一部小说应该放在抽屉里。我当时只有二十四，非常、非常幼稚。"

正如玛格丽特自己所认为的"幼稚"，翻开这本《厚颜无耻的人》，开篇的风景描写的确有堆砌语句和辞藻的嫌疑：

慕推开窗户，于是房间里充满了山谷的噪音。太阳正在落山，后面留下大片云彩，云彩聚集起来，仿佛盲目地奔向光明之渊。他们居住的"八楼"高得令人目眩。从那里可以看见下面深处的、有声响的风景，它一直伸展到塞夫勒山丘的那条黑线。在遥远的地平线与悬在半空中的这座住所之间，处处是工厂和工人区，空气中饱含着轻微的雾气，像水一样发蓝和稠密。

从这段文字之中，可以明显地看到当时的玛格丽特还没有形成简洁、犀利的写作风格，她在每一个名词前面都要加上定语，以为这样能够将事物描绘得更加吸引人和富有曲折的深意，但在读者眼中只不过是多了画蛇添足的味道。

但不可否认，除却这些浮夸的和刻意模仿美国文学的意识流之风，玛格丽特在塑造人物性格方面还是有所成就的。无论是为了儿子牺牲一切的母亲，软弱而没有存在感的继父，在哥哥的阴影下活着、并逐渐变坏的弟弟亨利，渴望得到爱、却始终战战兢兢生活的小女孩慕，以及农场主那没有主见的儿子让·佩克雷斯和优雅有品位的骑士乔治等，无一不是一种个性鲜明的存在。因此，人们只是读到了这些人物的名字，脑海中就能够自动浮现出他们应该具有的神态、语气和动作。

再从小说讲述的故事来看，似乎已经具备了玛格丽特日后创作的小说中常见的人物关系：在三个孩子之中，母亲毫无理由地喜欢和信任长子雅克，但是雅克却没有因为这份爱而成为一个对家庭有帮助的人。他凶狠、性格暴躁、无所事事，为了维持生计，常常摆出小狗一样的可怜表情，只是为了骗取亲人的钱财。而一旦拿到自己想要的金钱，他便又觉得母亲和妹妹碍眼极了，开始整日整夜地不回家，醉生梦死。这就是雅克，一个厚颜无耻的人。

如果了解玛格丽特的童年生活，便一眼能够判断出来，小说中的雅克其实就是玛格丽特的大哥皮埃尔的化身。艺术来源于生活，正因为玛格丽特在现实生活中饱受皮埃尔带来的痛苦和绝望之情，所以她能够在小说中将无耻的雅克塑造得那样逼真。

至于雅克的妹妹，叫做"慕"的女孩，则体现出玛格丽特本人的影像。这个女孩对生活的恐惧，从开篇一直贯穿着整本小说。她的父亲很早就死了，继父始终是一种边缘化的存在，很少参与到她的生活中，而她渴望的母爱怎么也得不到。母亲把一切关注都给了她的哥哥雅克，甚至为了雅克的美好生活，想要把她作为一种交易品，嫁给富裕农场主的儿子佩克雷斯。虽然母亲一开始是反对这样做的，但她经不住雅克的怂恿，最终还是收了农场主的钱财，尽管这笔钱财是卖了一无是处的庄园得来的，但双方都默认慕要嫁给佩克雷斯。矛盾在这个时候出现了，叛逆的慕一点都不喜欢母亲和雅克眼中的金主，她有自己喜欢的男人，那便是做事潇洒、优雅迷人的骑士乔治。或许是为了解脱，慕主动找到了乔治，把自己纯洁的身体献给了他，和他整晚腻在一起，肌肤相亲。

就在慕失去贞洁的这个晚上，母亲却以为她失踪了。她寻找慕，在漆黑的夜里呼唤慕的名字，甚至嗓音沙哑了也没有停止。这当然是一个母亲对孩子的爱，尽管她对慕的爱，不如对雅克那样来的强烈，但她依然是当时最担心慕的人。而在得知慕怀了乔治的孩子后，母亲不再强迫她嫁给佩克雷斯，她的选择是将慕和雅克一起带在身边，离开了农场。至于农场主那已经被花掉不少的五万法郎，她觉得总会想到办法的……

试想一下，如果当时慕没有怀孕，母亲是不是还会这样宽容？还会不会为了那五万法郎，坚持把她嫁给肥胖木讷、毫无情趣的佩克雷斯？答案无从知晓，似乎矛盾的母亲无论做出哪一种选择，都符合人物性格和故事的发展脉络。

无疑，小说对母亲的刻画极为成功。一方面，她溺爱长子的形象深入人心，以至于儿子在走上邪恶的道路后，她宁愿自己辛苦地赚钱，也要供养像流氓和土匪一样的儿子。另一方面，她对另外两个孩子的关爱虽然远远不如对雅克那样深厚，不过也没有失去一个母亲的责任，她希望他们的生活平安幸福。但也仅此而已。

当慕最后带着腹中的孩子去寻找乔治时，母亲给乔治的信中这样写道："孩子，请接受我亲爱的女儿，粗暴、温柔、童年的气息将与她一同离我而去。请您用即将到来的、大自然如此忧郁的秋天去温暖她。我要完成一项既艰巨又荒谬的任务，它将与我一起结束。"

是的，玛格丽特以自己的生活为蓝本创造的故事结束了，以慕的嫁人而结束，也以母亲最终选择将长子雅克留在身边而结束。

除了小说本身，玛格丽特在这本书上的署名也颇有意思。在对哥哥充满多年愤怒的情绪积压下，她终于抛弃了和哥哥一样的姓氏"陶拉迪欧"，而是选择了父亲故乡的小镇之名"杜拉斯"作为自己新的姓氏。这不仅仅是简单的名字变更，更是显示了与无耻兄长的决裂，一种渴望从过去生活中得到解脱的情怀。从此之后，一个全新的杜拉斯诞生了。

罗贝尔归来，尘埃落定

在《厚颜无耻的人》出版前，杜拉斯就已经开始撰写她的第二部小说《平静的生活》，那时她正和迪奥尼斯陷入婚外情的纠缠之中。不过随着丈夫罗贝尔的被捕，她暂时放下了对迪奥尼斯的迷恋。以罗贝尔妻子的身份想方设法地营救丈夫，在这个过程中，迪奥尼斯没有和她纠缠，而是像朋友一样陪伴在她身边，帮助她。

失去罗贝尔的日子里，杜拉斯像一具没有灵魂的僵尸，神志不清，日夜猜测着罗贝尔是不是已经死了，内心几乎崩溃了。她甚至绘声绘色地描述了丈夫死亡的惨烈场景："他已经死了两个礼拜，被扔在沟里，脚底朝天。雨落在他的身上，还有阳光和凯旋部队的灰尘。手掌也摊开。"杜拉斯当然不是为了诅咒丈夫才这样说，她只是无法阻止自己去想象最坏的场景，她甚至说出了一旦罗贝尔死亡的消息被确认，她就自杀，"活生生地为他而死"。

在这段备受煎熬的时期，她的第二本小说《平静的生活》得以顺利出版。不过小说的主题与罗贝尔没有任何关系，因为写这本小说的时候，她和罗贝尔还在体验着度假的平静生活。当然，这并不是说小说的故事真的是"平静的"。那个时候，杜拉斯得知了小哥哥保罗骤然去世的消息，正陷入难以自拔的痛苦中，整日整夜地拿头去撞墙壁，这样绝望的心境都在小说中体现出来。而正如人们猜测的那样，小说依然是围绕生活在农场的复杂家庭展开，更描写了一段兄妹之间近乎乱伦的反常关系。

第二部作品是否达到了预期的写作水平？杜拉斯没有心情去评价。她一直在各个中转中心收集被放逐者的消息，尽管没有任何收获。

为了得到最新的军事情报，她还担任《自由人报》的记者。然而，当德国集中营解放的消息终于传来时，杜拉斯却陷入了比以往都深刻的恐惧之中。她害怕最坏的结果传来，"我受不了了，我对自己说要出事了。"她在日记中这样写道。

还好命运是眷顾她的，1945 年 4 月 24 日，杜拉斯听闻丈夫罗贝尔还活着。有人在布痕瓦尔德集中营看见罗贝尔被编在一路纵队里。这个消息顿时就像一注强心剂给杜拉斯带来了无限的希望，"活着，活着"的字眼反复在她脑海中徘徊，如潮水涌动，前仆后继。她开始和朋友们四处打听罗贝尔的踪迹，但是依然没有收获。

事情出现转机是在四月底。曾经组织抵抗运动的密特朗和雅克·贝奈等人，奉命要和美国指挥部的代表团一起到德国集中营进行考察。他们在中午的时候到达了位于达朔的集中营。也就是在这里，他们发现了罗贝尔的身影。

　　当时密特朗和贝奈正在美军参谋部的小棚屋里，巡逻的布若突然跑进来，大叫着说他找到罗贝尔了。其他人听后，立即朝临时搭建的医疗小棚屋跑去，并找到了正在淋浴的罗贝尔。"他只有三十五公斤，浑身发抖，非常虚弱。"雅克·贝奈后来形容他见到的罗贝尔。

　　人终于被找到了，密特朗和贝奈想把罗贝尔带走，但是美军指挥部的人员认为集中营还没有进行完全的检疫隔离，而罗贝尔又染上了风寒，因此他们拒绝了密特朗等人的要求。不过密特朗并没有放弃，当他和代表团回到巴黎时，立刻找来了罗贝尔的朋友乔治·波尚和迪奥尼斯，让他们偷偷地将罗贝尔弄出来。于是，乔治和迪奥尼斯分别借来了一套上校和上尉的制服，带着密特朗给的参谋部地图，冒充替谍报及监察总局执行命令，进入了集中营。

　　集中营里到处都是死去的和活着的人，两人找了很久终于在一组站立的人中间发现了他，是罗贝尔主动喊住了他们。而在一个叫巴塞维尔的共产党员的帮助下，他们也顺利将罗贝尔带到了一个看守较为松懈的地方，为他换上了一套军官制服。但是罗贝尔行走困难，需要乔治和迪奥尼斯搀扶着才能正常走路，他长期养成的习惯也没有改变，见到巡逻兵时还想要摘帽致敬，为了防止露馅，等巡逻刚走过去之后，乔治和迪奥尼斯便架着罗贝尔向汽车跑去。

　　直到汽车开出了集中营的边界线，罗贝尔才放下心来，然后他开始不停地说话，讲述他这一年来暗无天日的生活，不断地重复着他就要死去的话。或许在罗贝尔看来，只有说话才能阻止自己的生命消逝，或者在死去之前让朋友们知道他过去经历的事情。迪奥尼斯洞悉了罗贝尔的想法，他有些难过，却也无可奈何，因为当时罗贝尔的状况的确很糟糕，身体瘦弱、眼神呆滞，精神也处于崩溃当中。

当车子开到法国的凡尔登时，迪奥尼斯给杜拉斯打了电话，告诉她，他们将带着罗贝尔在第二天下午到达，并让杜拉斯做好心理准备，"他的情况比我们想象的还要可怕。"其实，在罗贝尔刚被找到时，他给杜拉斯写过一封信："我的小宝贝，终于能给你写这封信，是在这世界的悲惨中，在痛苦中赢得的时间。一封情书。"信很简洁，或许也是罗贝尔当时用了很大的力气才写下来的。

第二天，杜拉斯很早就在圣伯努瓦街公寓的二楼平台上等候了。然而，当她看到罗贝尔的身影出现时，却大叫着跑回屋里，躲在装满衣服的壁橱之中。她太震惊了，对罗贝尔虚弱至如此程度而痛苦不堪。几个小时之后，她才接受了事实，看着请来的两个医生为罗贝尔诊断和治疗。然而，医生却告诉杜拉斯，罗贝尔活不过当天晚上。愤怒的杜拉斯当即就让他们滚蛋了，并找来第三个医生德伊，一位曾经在印度待过的糖尿病专家。就是这个经验丰富的医生，一点一点地将罗贝尔的性命救了回来。

虽然有德伊的诊治，罗贝尔的虚脱状态还是持续了三个多星期，后来更是被送到康复中心休养了几个月。在这段时间里，杜拉斯以极大的耐心始终陪伴在罗贝尔的身边，悉心照料他的生活，其忘我的牺牲精神一度让朋友们都非常感动。

迪奥尼斯也成了罗贝尔的精神支撑，这两个男人在战前原本就惺惺相惜，这一次又是迪奥尼斯冲到集中营将罗贝尔带了回来。因此，当罗贝尔面临身体和精神上的困惑时，他不仅向杜拉斯求助，也时常与迪奥尼斯交流，他们的友情更加巩固了。最终，兄弟之情战胜了爱情，再加上杜拉斯与罗贝尔之间已经融为一体，难分彼此。迪奥尼斯开始与杜拉斯保持着距离。似乎，一切都回到了正常的状态，杜拉斯又和丈夫在一起了，形影不离。

成为独立的出版商

长时间的康复，罗贝尔的身体变好了，他能够自己吃饭、穿衣和行走了，甚至和正常人完全没有区别。他的情绪也稳定下来，从对集中营的恐惧、憎恨，对生和死的疑惑，转而去寻求更高的哲学层次。他重新从自己掌握和擅长的哲学知识里汲取力量，夜以继日地读着克莱斯特的著作，有时候甚至整天坐在海边看浪花拍打在礁石上。

然而，当罗贝尔的情况好转后，杜拉斯却从一个尽职尽责的温柔女人，转而变成了一个忧心忡忡的女子。她很难再忽视内心的真实感受：她虽然还爱着丈夫，却已然失去了激情，反而是越来越离不开迪奥尼斯的爱，身体也只想得到这个情人的爱抚。但是迪奥尼斯开始躲着杜拉斯了，这让杜拉斯非常痛苦。她又开始瞒着罗贝尔，每天都给迪奥尼斯写信，诉说自己的孤独和绝望：

"我想你。"

"我的上帝啊，如何才能活得本质一点呢?"

"我不幸福……罗贝尔已经猜到我不属于他了。他对我同情得要命。"

那么，面对杜拉斯的疯狂示爱，迪奥尼斯回头了吗?

事情是显而易见的，作为一个男人，尤其是心中还爱着杜拉斯的男人，迪奥尼斯当然是回来了。他一面和罗贝尔成为密友，一面和杜拉斯在旅馆中交缠在一起，肆无忌惮地体会着情感和性爱的美妙。然而，他们谁也没有告诉罗贝尔这个事实，在杜拉斯看来，当时还不是最佳时机，要等到罗贝尔的身体完全康复，等他可以接受这件事情为止。

再看罗贝尔，从集中营回来之后，他比以前敏感了，面对着总是躲着自己的杜拉斯，他知道他深爱的杜拉斯正在渐渐远去。他变得沉默，郁郁寡欢，不知道到底是哪里出错了，也不知道为什么一直关心他的杜拉斯开始逃离他。对此，迪奥尼斯终于不忍心看见好友这般消沉，他和罗贝尔坦陈了一切。

　　罗贝尔当时的心情是怎样的？他有没有怨恨过迪奥尼斯和杜拉斯？一首被写在练习纸上的诗表明了他的想法：

　　　　这是我的朋友

　　　　他对我说了一切

　　　　他的脸只有一点点红

　　　　双手在颤抖

　　　　而我，迈着局外人的步子

　　　　走近他的故事

　　　　然后我把他抱在怀里

　　　　瞧，让我们哭吧，哭吧

　　　　他看着我，我的朋友，他站起身来

　　　　在钢琴上弹奏了

　　　　四五个音符

　　　　他走了

　　　　我待在原地，浑身脏兮兮的

　　　　在床上蜷成一团

　　　　抱着这个故事

　　　　这是我的朋友

　　　　他对我说了一切

　　事情终于说清楚，但三个人之间的关系十分微妙。杜拉斯虽然不再对丈夫有欲望，但她还离不开这个男人。他们早已像水一样，彼此交融到一起，难舍难分。

迪奥尼斯当然清楚这种情况，他并不嫉妒杜拉斯请求罗贝尔不要离开，只觉得杜拉斯是把罗贝尔当成了最亲密的家人、兄长，更何况他本人也离不开罗贝尔那富有智慧的友情。于是，杜拉斯和罗贝尔继续在圣伯努瓦街一起生活，而迪奥尼斯则回到母亲的家里，他经常去拜访"这对夫妻"，不过从不留宿，偶尔才会在入口处的沙发上稍微睡一觉，缓解自己的劳累。至于肉体上的需求，他和杜拉斯只会找一个旅馆解决，"我们谁也不在圣伯努瓦街做爱。"在三个人看来，那里更像是一座修道院，是探讨精神层面的神圣场所。

感情上的问题有了约定俗成的默契，目前的这种关系，无论是对得到自己所爱的杜拉斯来说，还是对被抛弃的罗贝尔，以及不再有负罪感的迪奥尼斯，都是一种再好不过的解脱。

大部分的时候，杜拉斯都会静静地陪伴在两个男人的身边，她成了罗贝尔的守护者，为他做饭，抚平他的悲伤；她也会悉心照料迪奥尼斯的生活，为他带来浓厚的家庭幸福感。而罗贝尔和迪奥尼斯，则成了杜拉斯最忠实的读者，他们会以极大的耐心和热忱倾听她在写作上的困惑，为她提供意见，甚至亲自修改。

三人之间似乎形成了稳定的三角关系，然而，迪奥尼斯很快就认识到了一个更为重要的事情，那就是必须尽快给罗贝尔找一份工作，只有这样才能让罗贝尔感觉到自己很重要，也才能不荒废他的才能。

杜拉斯也认识到了这件事的重要性，她在写小说，迪奥尼斯也有自己的事业，唯独罗贝尔是闲着的。她决不能让罗贝尔感觉到自己和世界是脱离的。于是，经过一段时间的讨论，杜拉斯想要和罗贝尔一起成立自己的出版社。这个想法一经提出，就得到了罗贝尔和迪奥尼斯的强烈赞同，因为这样不仅能解决罗贝尔的工作问题，还能使三个人都摆脱对出版社的依赖。之前杜拉斯在出版小说时体验到的艰难，让三人都迫切希望获得独立的出版自主权。

有了想法，他们很快投入到实际行动中。出版社的地址选在杜班街，即罗贝尔父母的家里，虽然地方有点小，不过却足够他们办公了。至于资金的问题也得到了解决，富裕的罗贝尔·玛兰答应给他们提供经济上的援助，此外，印刷厂的伯努瓦先生也答应帮忙。于是，他们的出版社于 1945 年底正式开业，名字被定为万国出版社。

杜拉斯和罗贝尔对出版社的工作投入了极大的热情，在第二年就出版了埃德加·莫兰撰写的《德国的公元零年》。在这之后不久，则出版了圣茹斯特的文集《共和党人的谈话，关系和制度》，迪奥尼斯以笔名"格拉西安"为此书写了序言。然而，这两本书的出版却并没有为他们带来盈利，甚至连纸张费、印刷费都赔了进去。不过他们并没有放弃，又计划出版泰奥多尔·普列维尔的《斯大林格勒》，但由于翻译工作一直没有进展，最终未能成行。

1947 年 4 月，万国出版社推出了一部比较重要的书，即罗贝尔撰写的关于集中营的著作《人类》。书中再现了集中营里泯灭人性的行为，也充满了大量的哲学思考。在《人类》出版后不久，罗贝尔和杜拉斯的万国出版社就因为缺少资金，难以维持，最终倒闭了。

虽然万国出版社从成立到结束只有短短的两年时间，也没有出版过引起轰动的巨著，但对杜拉斯和罗贝尔来说，这个出版社依然是他们心中的重要存在。他们尝试了，想要成为独立的出版商，做自己喜欢的书，尽管出版计划最后破产了，却依然让他们感受到付出的喜悦，也为杜拉斯提供了与其他出版商进行周旋的经验。

孩子，是礼物，是灵感

不久，又一件喜事降临到杜拉斯身上，她再次怀孕了。

自从失去第一个孩子后，她便对生养孩子失望了，她害怕自己当不好合格的母亲，也害怕孩子再次失去。然而，在她最不抱有幻想的时候，孩子再次与她产生了交集，她怀孕了！

杜拉斯觉得这是上天对她的恩赐，她幸福极了，高兴得又跳又叫，爆发出大笑声。和第一次怀孕相比，这一次她吸取了教训，尽管还会担心孩子的安危，但她更主要的是将这种担心化成了一种动力，她始终保持着愉悦的心情，也与孩子展开身体上和精神上的交流，时常将手放在肚子上感受着孩子的存在和渐渐长大。

这个时候，杜拉斯和罗贝尔还以夫妻的名义住在圣伯努瓦街，他们的朋友和邻居都以为孩子是罗贝尔的，但是当事人却都清楚，孩子的父亲是迪奥尼斯。面对突如其来的结晶，罗贝尔再一次请求退出，就像最初知道杜拉斯和迪奥尼斯两情相悦时一样，他想把"丈夫"的位置空出来，留给迪奥尼斯。不过，无论是杜拉斯，还是迪奥尼斯，都再次拒绝了。似乎在他们看来，所谓的夫妻名义，都不值一提。

然而，随着杜拉斯的肚子一天天变大，她终于觉得不能继续在邻居面前装下去，而且为了孩子以后的生活，她要让孩子知道自己的亲生父亲是谁。于是，在孩子降生前的两个月，即 1947 年 4 月 24 日，杜拉斯和罗贝尔平静地选择离婚，九年的婚姻最终宣告结束。

六月份，杜拉斯顺利生下了她的第二个孩子，是一个男孩，她为他取名乌塔。

乌塔的出生，将杜拉斯从一名平凡的女人变成了一个伟大的母亲。孕育出一个鲜活的生命，终于让她实现了精神上的解脱。当孩子成功地离开她的身体，哭着来到这个世界上，她觉得这时才真正从第一个孩子死亡的阴影中走了出来。

她爱极了乌塔，疯狂地迷恋他，将一个母亲对孩子的爱毫无保留地奉献出来。她为他哺乳，陪他玩耍，看着他的身体渐渐长大，并教会他认识周围的一切美好的事物。她还特别喜欢听他的笑声，并将他的笑声不厌其烦地写进自己的作品中："他笑着，发出笑的声音。有风，这声音的一部分传到我的耳朵里。于是我掀去了童车的篷，把他的长颈鹿给他，想让他再笑一下，我把我的头埋进他的车篷中，想要抓住这声音。"

对杜拉斯来说，孩子仿佛成了一切，她在孩子身上花了大部分的时间。但是，她却引以为豪，认为自己从孩子那儿得到的感悟更多。事实也的确如此，几乎杜拉斯的每个朋友都证实，在她怀孕的时候，她就像突然充满了许多活力和灵感，在打字机前轻盈地敲打着，源源不断地输出自己的想法和文字。此外，最重要的是，自从孩子降生，她升级成为一个母亲，她也重新开始思考了自己和母亲玛丽之间的关系，她发现在内心深处越来越理解母亲了，也想要为在《厚颜无耻的人》和《平静的生活》中塑造的母亲形象进行一些澄清。

她的母亲，尽管更爱她的大哥皮埃尔，但是对她不也是充满责任感吗？她重新审视了童年的生活，惊讶地发现，自己过去总是抱怨母亲的"冷漠"，却忽视了母亲对家庭的无私付出。她的母亲先后失去了前夫和自己的父亲，独自抚养三个孩子，为了生存，还要想方设法地赚钱；她的母亲经营生意被欺骗后，几乎难以再活下去，却依然想着三个孩子。母亲为他们所做的一切，难道自己还要一味地抓住母亲在子女偏爱上的问题吗？

不，杜拉斯看着躺在身边的儿子，觉得再也难以像之前那样"恨"着母亲了。谁能理解一个母亲的心呢？谁能体谅一个母亲的爱呢？

杜拉斯回忆着，发现母亲才是真正促使她成为作家"杜拉斯"的领路人。如果没有母亲带给她的独特童年，如果没有母亲锲而不舍地努力赚钱，如果不是母亲坚持让她受到高等教育，那么，尽管她喜欢写作，又怎么可能真的走上这条闪烁着自由灵魂的道路？她又怎么能遇到罗贝尔和迪奥尼斯这样富有学识和深奥思想的男人，并为他们生下孩子？

心中的感悟积聚得越来越多了，杜拉斯觉得迫切希望找到诉求的出口，于是，她决定动笔去写以母亲为主题的故事。这便是后来轰动一时的小说《抵挡太平洋的堤坝》。

其实，在写这本书之前，杜拉斯正在创作的是另外一本叫做《泰奥朵拉》的作品。那是杜拉斯在很久前就开始写的小说，主要讲述一个发生在旅馆中的故事：一个女人的孩子生病了，她很爱这个孩子，为了孩子可以付出一切；但面对日渐消瘦的孩子，她却还是无能为力，祈祷不管用，药物也不管用，最终只能痛苦地看着孩子在自己面前死去。

显而易见，这篇小说有杜拉斯的影子，有她死去的第一个孩子的影子，也有她在孩子夭折时的痛苦情绪再现，以及那个破旧诊所里的嬷嬷所怀有的冷漠态度。

在小说中，杜拉斯试图以冷淡的笔调描述出最细微的情节，但很多时候她都无法继续下去，特别是在怀孕后，感觉到肚子里的生命在一天天成长，她就越发觉得写这本书对她来说没有意义，更何况她认为自己在叙事上还是不够成熟。她坚持了一段时间，断断续续地写了四十多页，但是在儿子出生后，看着儿子洋溢着笑容的脸庞，她开始真切地感受到作为一个母亲的喜悦、伟大和艰难，她决定彻底放弃《泰奥朵拉》这本痛苦而又平庸的小说，重新开始一个新的故事，一个关于自己母亲的故事！

这是她的成名之作

经过两年多的回忆和再创造，杜拉斯终于完成了对母亲的人物重构。她将完稿的小说拿给罗贝尔和迪奥尼斯看，让他们提供修改意见，结果这一次两个人都没有说什么，只是修改了很小的地方，"这已经是一部完善的小说"，迪奥尼斯很少这样赞扬杜拉斯。

1949 年圣诞节前，杜拉斯将最终定稿的小说——《抵挡太平洋的堤坝》，交给了她一直信任的导师雷蒙·格诺。结果，在 1950 年 1 月 15 日，雷蒙就代表伽利玛出版社和杜拉斯签约了，版税也是惊人的高：一千册为 10%，一千到两千册为 12%，超过两千册则达到了 15%！或许他们都看出来了，这将是一本产生广泛影响的巨著。

杜拉斯自己也意识到了。在出版前两本小说和撰写没有出版的《泰奥朵拉》期间，她都充满了痛苦、焦躁和不安，但是在写作《抵挡太平洋的堤坝》时，她觉得和以往的写作体验都不相同，这是一个倾诉灵魂的解脱过程。而尽管这本小说的主题充满悲情色彩，她感觉到的却是一种前所未有的幸福和自信。

面对极有可能大卖的作品，伽利玛出版社表现出了惊人的效率，很快就将小说印刷成书。在雷蒙看来，这本书就是对杜拉斯的最好肯定，也将杜拉斯的潜能和应有的水平完美地发挥出来了。"她是这一代最杰出的女小说家之一"，或许雷蒙在看到杜拉斯的第一部小说时，就没有怀疑过会有这样一天，所以他一直耐心地在写作上牵引着杜拉斯，鼓励她，让她不要放弃。而时光最终也没有辜负他们，他的眼光，杜拉斯的水平，都得到了最好的证明。

那么，《抵挡太平洋的堤坝》到底描写了怎样的故事？又有什么独特之处？

杜拉斯沿着之前受到儿子启发时产生的感悟写下去，追溯自己的童年，也追溯母亲的不幸。不可避免的，小说成了关于母亲、女儿，以及那个始终存在的儿子的故事，一段被杜拉斯反复描写的三角关系，但是与《厚颜无耻的人》中交代不清的人物关系和被错位的地点相比，《抵挡太平洋的堤坝》展现出了更为真实深刻的时代场景，一个被殖民者占领的国度，一片看似充满生机却每年都被海水淹没的土地，一条倾塌的斑驳堤坝……于是，凄凉无处不在。在这样场景里发生的故事，必然也是让人难忘的。

母亲的梦想成了一场笑话，母亲在被殖民地当局欺骗后的绝望让人心碎；母亲的女儿为了拯救家庭，不得不与富裕而丑陋的若先生周旋，最后更是绝望地将自己的身体委身给那个自以为是的邻居。一切都是灰暗的。然而，这些还不够，母亲在疯癫时对女儿的殴打，以及女儿压抑的哭声，则让母亲和女儿的遭遇都蒙上了更为浓厚的悲情色彩。

这种悲凉的无奈，在小说的开篇便有了很好的呈现，即通过一匹濒临死亡的老马，来预示整部小说的基调，充满了现实的残酷和死亡的气息："这匹马太老了，作为一匹马，它比母亲老多了，简直是百岁老翁。它尽量一丝不苟地干着人们要求它干的活儿，但这活儿显然早已超出它的体力。后来，它死了。"以一匹死去的老马开始，以母亲最后的死亡结束，小说的结局其实在最初的时候就已经揭示出来，出乎意料，而又理所当然。

小说虽然充满了杜拉斯一家在越南的生活缩影，但这并不是一部纯粹的自传，而是经过提炼和加工的文学作品。比如，"儿子"这个角色，既有小哥哥保罗的整体框架，也具有大哥皮埃尔的影子，尤其是母子关系上的纠缠，更是像极了母亲和皮埃尔之间的相互缠绕。显而易见，杜拉斯的写作方式变得比以前成熟了，她已经知道怎样重新组合片段，再做出一道完美的大餐。

对于如此杰出的一部著作，受到人们的欢迎当然是实至名归的。不仅雷蒙，当时许多知名的文化人也都纷纷发表评论，来赞扬杜拉斯在这本小说上取得的成就。

著名的主编莫里斯·纳多，就于六月份在《战斗》杂志上撰文，称这本书毫无意外将给作者带来成功和名誉，从此以后杜拉斯将进入他们那一代最为杰出的作家之列。莫里斯当然不是毫无理由地奉承和赞赏，他详细分析了为什么要给杜拉斯如此之高的评价。在他看来，小说以一种华丽的异国情调为外衣，却深刻揭露了殖民主义统治下的悲惨生活，而这种充满贫穷、无奈的生活，不是一个人的悲剧，不是只有殖民地的土著才体会到的悲剧，而是所有深受殖民统治之害的人们都能深刻体验到的惨痛。

总之，杜拉斯成功了，她凭借《抵挡太平洋的堤坝》找到了自己在写作上的位置。不过，当大家都在讨论这本书的时候，杜拉斯却独自带着儿子乌塔去寻找母亲了。那时她的母亲玛丽已经从殖民地回到了法国，居住在卢瓦尔—谢尔省的一个小城堡中。这座城堡是路易十五时期的建筑，而此时被玛丽买下来了。她是带着大量钱财回来的，因为她在殖民地开的寄宿学校有了盈利，而她曾经购买的房产也已增值，这使她得到了较多的收入。

母亲不再是绝望的穷人，女儿也从一个可怜的小女孩摇身一变为作家。那么，当女儿带着自己的作品，当女儿把这本向母亲致敬的小说亲自带到母亲面前时，又出现了一种怎样的重逢场面，发生了一段什么样的对话？是终于和好了，还是没有任何改观？

杜拉斯曾经在《新观察家》的杂志上描述过当时的情景：母亲用一整夜的时间待在楼上卧室里，通宵读着小说。杜拉斯则在楼下焦躁不安地等待着。当母亲终于下楼时，她开始指控杜拉斯在撒谎，是在背叛她。她觉得杜拉斯不应该将他们生活中的私密片段如此露骨地写出来，成为人们茶余饭后的谈资。她甚至还觉得这是女儿对自己的揭露，在指责她没有尽到一个母亲的责任。"在她看来，我在书中控诉了她的失败。我揭露了她！她如此理解，这一直是我生命中最悲哀的事情之一。"杜拉斯有些难过，她明明是在向母亲致敬，明明是在用心地塑造一个具有丰富经历和感情的母亲，为什么母亲要误会自己呢？

后来，母亲也曾到杜拉斯所在的城市巴黎，但她从没有在杜拉斯生活的圣伯努瓦街公寓中睡过。她宁愿找一家饭店安顿下来。对此，杜拉斯希望和母亲和好，她在罗贝尔和迪奥尼斯的帮助下，精心策划了一场与母亲和解的晚宴。然而，在吃饭的时候，母亲始终是淡淡的表情，更没有说出原谅杜拉斯的话语。饭后，杜拉斯就独自离开了，而迪奥尼斯则开始询问杜拉斯的母亲，为什么要如此粗暴地对待自己的女儿。结果，杜拉斯的母亲似乎是很不理解迪奥尼斯的问题，谈话最终也变成了质问，无疾而终。

生活变好的母亲和成名的女儿，最终还是没有靠近，反而越走越远了。

杜拉斯希望通过《抵挡太平洋的堤坝》来讨好母亲的希望破灭了，她们之间再不会有任何发展。但无论怎样，这本小说为杜拉斯带来了崇高的声誉，是她举世公认的成名作。

第七章

女人、欲望和迷狂

当恋情成为一种折磨

在《抵挡太平洋的堤坝》出版后，杜拉斯开始进入创作的高峰期，此后基本上保持每年出版一部小说的节奏。可见，杜拉斯终于达到了她想要的状态，成为真正意义上的作家，一个在精神和物质上都依靠写作生活的作家。

然而，事业虽然处于稳定上升期，但在感情上，杜拉斯却又面临新的问题。她对爱的欲望始终得不到满足。她痴迷迪奥尼斯，毫无理由地迷恋他，不停地对这个男人说"我爱你"。但她同时也被这份爱折磨得快疯了，因为迪奥尼斯的爱并不疯狂，说"爱她"的次数也远远不够多。甚至许多时候，迪奥尼斯扔下她独自出去，一整天对她不闻不问。杜拉斯觉得自已要疯了，她想念迪奥尼斯，难以静下心来写作，焦躁不安。

在折磨中度过一天又一天，杜拉斯觉得自己再难忍受了，有了逃离的想法。1950 年 8 月 23 日，她给迪奥尼斯写了一封信，表达了她想要独自生活的念头："我爱您，但由于您始终不肯承认这份爱，我希望离开您，非常希望……当然，我想得到您的吻，并且只有您能够让我满足。我不再害怕孤独，也许我变得坚强了。"

尽管，杜拉斯和迪奥尼斯之间有个儿子乌塔，但他们的法律关系始终是未婚。当然，杜拉斯并不在乎那一纸婚约，她要的是实实在在的感情。可是迪奥尼斯不仅没有回应她对爱的强烈渴望，甚至经常和一些女人玩情感游戏。

事实上，这并不是杜拉斯的占有欲在作怪，迪奥尼斯的确是一个在感情上不安分的人，他最初和杜拉斯在一起时就有一个固定的女友，他在陪伴杜拉斯寻找罗贝尔的下落时，也没有闲着，竟然和戴瓦尔的老婆波莱特产生了不清不楚的关系。对此，迪奥尼斯解释：就像杜拉斯为了营救罗贝尔而勾引戴瓦尔一样，他和波莱特交往也只不过是为了获取情报。然而，不管事实究竟是怎样的，迪奥尼斯对杜拉斯隐瞒了他和波莱特之间的关系，甚至还隐瞒生了一个孩子的事情。

杜拉斯的好友雷蒙·格诺洞悉了两人之间的感情问题。他在日记中曾经含蓄地提到，迪奥尼斯经常和办公室的漂亮女同事一起出去约会，也和一些女作家们打情骂俏。杜拉斯不是一个傻瓜，她当然察觉到了，于是，为了报复迪奥尼斯，她也以同样的方式回敬她的爱人。就这样，杜拉斯和迪奥尼斯开始互相折磨。然而，迪奥尼斯虽然在之前拒绝了杜拉斯要求分开的提议，不过这次却无动于衷！这是一个男人的包容，还是他根本就不在乎杜拉斯？

不久发生的一件事很快就让他们的关系得到了证明，那是在 1951 年的圣诞节前夜，圣伯努瓦街的公寓中来了一个客人，叫雅克—洛朗·博斯特，是一个作家兼记者。他一出现，就成为了杜拉斯进行报复迪奥尼斯的对象，杜拉斯给了他一个超过朋友之间礼节的深吻，看起来就像是陷入热恋的亲密情人那样。这让博斯特高兴极了，他以为自己很有魅力，开始和杜拉斯频繁地往来，甚至发展到上床的地步。只是他不知道，杜拉斯不过是在利用他而已。

对于这种不正常的关系，迪奥尼斯由最初的冷漠变得待不住了，他要求杜拉斯中断和博斯特的往来。杜拉斯拒绝了，她觉得迪奥尼斯依然没有给出她想要的态度。没有回应给她强烈的爱。这不公平。更何况，她似乎也有点喜欢和博斯特待在一起的感觉。

于是，杜拉斯再三地反问自己，是不是真的要听从迪奥尼斯的话，继续和他一起生活，忍受这种让她痛苦的感情。她没有答案，为此寝食难安。这个时候，罗贝尔参与进来了，他支持迪奥尼斯，要杜拉斯离开博斯特。这让杜拉斯彻底爆发了，她与两个男人理论着，精疲力竭，不过最终还是屈服了，接受和迪奥尼斯一起去威尼斯旅行的建议，然后继续在爱的煎熬中等待解脱。

关于杜拉斯与迪奥尼斯的纠结恋情，在她这一时期写作的两本小说《直布罗陀的水手》和《塔吉尼亚的小马》中可以窥见一斑。

其中，《直布罗陀的水手》出版于 1952 年，是一本具有浓厚哲学性质的小说。故事的主人公是一位叫做安娜的女人，她拥有一艘轮船，也有过人的财富和美丽，非常迷人，但她却每天备受折磨。原来，她曾经爱过一个在她船上担任过水手的直布罗陀男人，她迷恋他，为他发疯，不过水手最后却消失了。她放不下这个男人，开始在世界各地寻找他，只要一有线索，她不管身在何处，大西洋也好，印度洋也罢，都会立即驾驶轮船赶过去。但这样执着地寻找并没有结果，她着急去见的那些男人，从来都不是她要找的直布罗陀水手，她一次次失望，却一直没有放弃。在这期间，她又雇佣过一些水手，她带着他们一起出发，也和他们发生关系，不过他们渐渐厌倦了这样没有目标的寻找和漂泊，所以她船上的水手总是在不断地换。直到一个不幸的男人出现后，她才有了固定的同伴。这个男人曾经是一个小职员，胆小懦弱，在平凡地生活了那么久之后，他厌倦了充满窒息的安静，于是便上了安娜的船，开始了和以前完全不同的生活。他们之间有个约定，只要安娜找到直布罗陀水手，他们便分开。然而，随着轮船从欧洲到非洲，从地中海到大西洋，爱情也在这个想要改变生活的男人和追寻旧爱的女人之间产生……

小说中的这个执着、充满欲望的纠结女人，毫无疑问有着杜拉斯的影子，她曾经那么喜欢迪奥尼斯，可是随着对方对她的冷漠的态度，她觉得心中爱着的那个迪奥尼斯早已离开了，只留下她一个人遭受炽热感情的折磨。更可悲的是，她尽管想要摆脱现在的迪奥尼斯，却还是在心底迷恋着过去的他，以及过去存在的激情。于是她开始寻找那个"已经消失的爱人"，也给自己寻找一个解脱的办法。在这个过程中，博斯特就成为了能够帮助她摆脱过去的人，她和他在一起，就像小说中的安娜和小职员结伴去寻找水手一样。

然而，与杜拉斯在现实中离开博斯特的结局不一样，小说最后并没有明确交代安娜是否找到了直布罗陀水手，轮船毁了，他们却一直在大海中漫无目的地漂泊，荡漾。

杜拉斯在小说中借着安娜的身份说了这样一句话："就算我忘记了他的样子，我也没有忘记去寻找他。"这或许就是杜拉斯心中最真实的想法，她想要挽回的其实不是一个具体的男人，不是迪奥尼斯，而是一种信念，一种疯狂的爱，以及沉醉在欲望里的感觉。

在杜拉斯随后花费九个月写成的《塔吉尼亚的小马》里，则以更为露骨的手法描述了她和迪奥尼斯之间的苦涩爱情和失败生活。然而，由于小说写得过于贴近真实生活，甚至暴露了身边朋友的隐私，所以当杜拉斯将作品交给罗贝尔和迪奥尼斯审阅时，两人都认为小说不能发表。尤其是迪奥尼斯的反应最为激烈，言辞刻薄地指责杜拉斯还在模仿美国作家的风格。杜拉斯有些难过，不过坚持己见，将这本不受欢迎的小说出版了。

生活还在继续，杜拉斯没有离开迪奥尼斯，但是他们经常在朋友面前争吵，甚至当众互相谩骂和讽刺，尽管最后他们还是会和解。就在这样的反复争吵与和解中，在想要逃离与挽回的纠结中，杜拉斯留下来了。只是，这样的感情还能维持多久？

树上的岁月，女人的史诗

杜拉斯成名了，不但是知名的专职作家，还有另一种身份散发出光环，那就是富有魅力的家庭主妇。她一边疯狂地写作，一边照顾罗贝尔和迪奥尼斯的衣食住行，并一心一意地抚养和教育儿子。她的生活忙碌而充实，在文字、烹饪、缝纫中不断转换，这给她带来了丰富的生活体验。正因为如此，她了解自己，了解女人，也将这种对女人的感悟写到作品中。于是，一篇篇精彩的故事出来了，成了杜拉斯对女人的经典诠释。

在杜拉斯塑造的女人中，有疯子、演员、乞丐、妓女、富婆、官员夫人、教师、家庭主妇等，几乎囊括了人们周围的所有女性角色。当然，在这些人物中，杜拉斯最擅长的还是对母亲的描写。不仅是《厚颜无耻的人》和《平静的生活》中矛盾的母亲，也不仅是《抵挡太平洋的堤坝》中绝望暴躁的母亲，还有《树上的岁月》中富裕却孤独的母亲。

创作《树上的岁月》时，杜拉斯还住在圣伯努瓦街租来的公寓中，不过她的母亲已在法国卢瓦尔河边买来的房子中定居下来。母亲成为了一个富人，生活无忧，但她并没有闲着，依然不安分地想要赚取更多的钱财。于是，在母亲的身上接连发生了许多荒诞的事情。

最初，她将房子改成了一个私立小学，认为自己可以继续从事教书事业。结果，事实证明，她已经老了，几个流亡富商的儿子的教育都让她力不从心。她不得不放弃耗费脑力的教书事业，转而思考其他的赚钱办法。但令人惊奇的是，她这次想到的竟然是养鸡，在她那座充满资产阶级气息的客厅里养鸡！没有人能够阻止她奇妙般的想法。为了给鸡提供快速生长的环境，她甚至从商人那里买了一套昂贵的电取暖装置，开始进行高技术含量的电照养殖。然而，结果又是怎么样呢？或许是电取暖装置有问题，或许是她不会使用这个机器，总之，她养的那些鸡大部分都死掉了，而幸存下来的少数部分也被剪掉了嘴巴。

养鸡不成，那换一种动物怎么样？

她又想到了养羊，想着可以剪羊毛。于是，成群的羊便成了无嘴鸡的伙伴，一起住到那座宽敞的房子中，也将方圆五公里熏染得像个动物园。邻居们很有意见，经常在背后议论纷纷。在他们心里，都将她当成了一个怪人。

她再次陷入孤独之中，没有人愿意接近她，甚至是她心爱的儿子也只在需要钱的时候才回来。她为儿子在附近买了一个蘑菇房，这并没有起到作用，儿子一点都不感激她。

此时的杜拉斯，是唯一主动陪伴在母亲身边的人。尽管在《抵挡太平洋的堤坝》出版后，两人依然没有和解，没有实现心灵上的相互靠近，但是杜拉斯还是经常去看望母亲。她不再需要母亲的金钱支持，也不再希冀能够得到母亲的爱，她只是单纯的用尽心思地孝敬母亲，当母亲说只有她能买到新鲜的肉时，她便往返于巴黎和卢瓦尔河，只为了去给母亲煎一块牛排。她还将儿子乌塔也带过去，希望给每天紧绷着脸庞的母亲带一些欢笑。

如果说杜拉斯对母亲付出了一个女儿的陪伴、守护和关爱，那么，她从母亲那里洞察的却是一个另类的母亲的真实生活，这成为她的写作源泉。她再次将此时的母亲写进了作品之中，关于她的房子，她的无厘头赚钱方式，她的富有，她的孤独，她对儿子皮埃尔那充满激情的爱。

那么，作为一部依旧以母亲为主题的小说集，《树上的岁月》与杜拉斯其他描写母亲的书到底有什么不同？

孤独，这是一个孤独的母亲。

她非常富有，给了儿子想要的财富，却没有留住儿子的心。

她对儿子的激情以一种强烈的方式存在着，但是当她临死之前，甚至想见儿子一面的愿望都很困难。在寂寞如水的夜里，她用香槟、甜食麻醉自己，总是喝得酩酊大醉。但这依然起不到任何作用，改变不了她老了的事实，也改变不了儿子逃避她的事实。她总是说："我快死了，孤独得像只狗。"

很显然，独孤的母亲的结局注定会是一场悲剧，她那成天穿梭在树林间的儿子，如果不是为了钱，永远都不会回去看望她。他喜欢赌博，喜欢与夜总会的女人厮混，他要忙碌的事情很多，至于母亲，似乎排在了许多事情的后面。而就是这样的丑陋面孔，却依然是母亲心中值得骄傲的人，让她牵肠挂肚。

除了揭露母亲对儿子的纵容和过度宽容的爱，杜拉斯也在小说中详细描述了"儿子"的态度，描述他对母亲的看法。"我不要别人对我好，从来不要，我是坏人。"这是一种什么样的心理？儿子被母亲窒息的爱压得喘不过气来，只想要逃离，却因为要靠着母亲的钱财生活，所以不得不留下来。他憎恨母亲超乎寻常的关爱，心中甚至盼着母亲早点死。

儿子希冀的事情终于要到来了，母亲老得只能等死了，她提出住到儿子的房子之中，甚至让儿子亲自陪她挑一张床，她要死在这张床上。这时的儿子，突然有了觉悟，既然母亲都要死了，那他为什么不多花一点时间陪伴她呢？反正她就要死了。于是，他请母亲吃饭，陪在母亲身边，当母亲终于闭上眼睛后，他摘下了她手上戴着的金手镯……

作为一本小说集，《树上的岁月》中并不只有母亲一个主人公，还有七旬老人巴尔帆小姐、看门人多丹太太和工地上的那个独特女人。她们与富裕的"母亲"不同，都是来自下层的小市民，但每个人都有自己鲜活的个性，也有各自耐人寻味的故事，真实而又令人震撼。比如被时间吞噬的巴尔帆小姐，死亡正在来到她的身边，这种隐隐的不安在巨蟒吞食活鸡的渲染下更加让人心惊；再比如多丹太太，她是一个平庸的人，由于过度操劳，生活缺少希望，心中充满了对世界的憎恨，她抱怨一切，然而即使这样，她还要继续平庸地活下去，按照自己的生存法则日复一日地活着；还有工地中的女人，她被一个男人默默地爱着，她也爱着这个男人，然而，最终两人只是一前一后地走了。

毫无疑问，《树上的岁月》是一本关于女人的故事的书，但是在语言上却并没有表现出任何柔美的意向，故事的内容也不是常见的浪漫女性小说，而是杜拉斯与世界对接的过程，充满着她观察中的世界景象，有些真实，也有些耐人寻味。

当这本书出版之后，《洛桑新闻报》评价道："我们真的很难理解，一个女人竟然能有这样粗野，这样无耻，这样不同分辨的笔触。这本小说集显示出的竟是这样一种风格。"

批评的声音丝毫不留情面，然而，这个评论员似乎忘记了，杜拉斯不是一个女性作家，她不是为了写供人打发日子的小说而当作家的，她是一个生活的观察者和反馈者。在她看来，她是在"真正生活"的旁边过日子，正常人的生活，平常的幸福或者不幸福，她都顺手拈来，让它们成为她笔下的世界。

没有希望的"街心花园"

在她最初出版小说时，有一个习惯，就是将完稿的作品先让罗贝尔和迪奥尼斯过目，她再根据两人的想法进行修改。那时，她总是虚心地接受他们的意见，甚至会修改大部分文字。然而，这并不是说杜拉斯能够心平气和地接受一切批评。

当她出版的作品越来越多时，总有一些评论家抨击她的作品语言粗俗、语法混乱，就连身边的朋友也在劝说。不过对于这些评论，这些建议，她抛在脑后，根本不放在心上。在她看来，没人关注、没人评论的作品才是可悲的。她觉得他们似乎对自己的作品越来越不满意了，这让她很生气。

从《塔吉尼亚的小马》一书便可以直接看到其中的变化，在作品完成后，迪奥尼斯和罗贝尔都不认可这本小说，甚至杜拉斯所有亲近的朋友们也都持有反对意见，不过她却坚持出版，果然最后的销量比其他小说都要低。至于随后出版的短篇小说集《树上的岁月》，不仅受到了大部分朋友的否定，甚至是对她一直赞誉有加的雷蒙·格诺也对此书持有保留意见。这彻底激怒了杜拉斯，她觉得自己在成名之后，反而被抛弃了。她决定以后的小说完稿后，不再拿给他们看了，她要自己做主，遵从内心的真实想法。

杜拉斯是一个固执的人，从《街心花园》开始，她便真的不再接受任何人的建议了。因此，当这部作品在 1955 年刚完成时，她便直接拿到出版社发表了。

这是一本比较奇怪的书，字数很少，不像是传统的短篇小说，也不是一本纯粹的说教读本，而是介于小说与哲学故事之间。主人公只有两个，一个是在旅途中的 40 岁商人，另一个是怀着梦想的 20 岁保姆。两人在街心花园偶然相遇，然后交谈起来，关于他们的工作，他们的梦想，也关于他们对世界的看法。谈话从午后开始，持续了整个下午。从谈话中可以知道，商人年轻时的生活井井有条，工作顺利，生活也在计划之中，因此他从来没有抱怨过什么，不过，他依然不开心，一种说不出缘由的抑郁。至于保姆，她年轻热情，但她对当前的生活一点也不满意，她觉得保姆并不是她想要的状态，这甚至称不上是一门职业，只是一个可以谋生的活儿；她还谈到周六的舞会，希望能在舞会上遇到一个眼光独到的丈夫，发现她的不同，将她带离忙碌的保姆生活。

时间在交谈中一点点消逝，街心花园很快就要关门了。他们从一种抽象的世界中又回到现实，商人要继续前行，去他憧憬很久的海滨城市；而保姆，她一边给浑身散发臭味的胖老太婆洗脚，一边幻想着能够在舞会上遇到一个魅力男人。

这本书的内容又是一个没有希望的故事！像杜拉斯一贯的风格。她在小说中给每个人都创造了一次做梦的机会，却不给他们实现梦想的途径，当梦做完了，人们又被打回到各自的现实之中，不管是枯燥乏味也好，不满意也罢，总之最后都是要继续原先的生活。

街心花园，似乎并不是一个乐园，而是承载悲伤的场所。

杜拉斯是对生活有什么不满吗？她是对生活绝望了吗？以至于要写出一个又一个没有任何希望的故事。

事实上，杜拉斯在写《街心花园》的时候，状态的确不够好。她成名了，但是这并没有给她带来巨大的利益，她的书卖得并不好，她依然养不活自己，不能只依靠写作生存下去。她曾经为了赚钱，甚至打算为报纸和杂志写一些关于趣闻和电影方面的文章，因为这样她就有额外的稿费了。不过，罗贝尔及时阻止了她，"如果你这样做，你是在堕落。"于是，杜拉斯只能依靠她的出版商伽利玛出版社。然而，她却忘记了，她已经欠出版社八万法郎了！到最后，伽利玛出版社甚至和她绝交了。

到了 1956 年的夏天，杜拉斯的日子越来越难过了，不仅是经济上的，还有她和迪奥尼斯原本就紧张的关系也再次陷入僵局。她想和迪奥尼斯带儿子乌塔一起去南方度假，但是当她先到特鲁维尔之后，却没有等来迪奥尼斯，于是她失望地带着儿子驾车继续往南方行驶。等到她因为旅途精疲力竭的时候，她给迪奥尼斯写了一封绝交信："我欠了您什么？四十二岁，我不想再继续以前的生活。我太累了，请您原谅。"

旅途结束后，他们当面做出了最后的决定。没有互相指责，也没有互相忏悔，他们就这样平静地分开了。或许迪奥尼斯到这时还是没有理解，为什么杜拉斯要这样义无反顾地离开。他不知道，这都是日积月累的不满所积聚而成的。离开了他，杜拉斯只会觉得解脱，从此摆脱了这份具有怀疑性的、永远不变的关系。

她不必再在深夜中等他回家，不用再怀疑他在欺骗她。

她终于能够安静下来，能够做回自己，而不用在深夜时看着他一言不发的样子。

美好的记忆、曾经的故事，一切的一切都结束了，有些让人惋惜。他们不是因为不爱而结束了，而是因为太爱只能放下。他们曾拥有共同的爱好和理想，曾是那样的天作之合，但是，如果在一起只有"沉默的痛苦"，只有"折磨人的不忠"，又要如何继续呢？

其实，对于这段关系的结束，除了迪奥尼斯的不忠之外，杜拉斯本身也是负有一定责任的。她对爱情的期望太高，太过疯狂，时刻充满占有欲，强烈的妒忌心，以至于让人有些难以忍受。于是，她身边的男人尽管爱她，却在某些时刻想要逃离，去呼吸新鲜的空气，也想从其他一些新鲜的女人身上获得安慰。但是，这都是杜拉斯不能忍受的，因此，当她再也难以承受这种痛苦时，便绝望地转身离开，头也不回。

两人分开后，迪奥尼斯没有搬出圣伯努瓦街，他依然和杜拉斯、他们的儿子乌塔，以及罗贝尔生活在一起。似乎在外人看来，他们并没有发生什么变化。但是，肉欲和爱情的分离，才是杜拉斯真正想要的，而一旦这种分离的关系确定了，那么地域上的分离便不是什么重要的事情。更何况，她当时还是爱着迪奥尼斯的，很乐意以朋友的状态守护在他身边。以至于她和别人谈论起迪奥尼斯时，总是夸奖他的英俊优雅，以及其他所有的优点。甚至直到生命的尽头，她依然承认，自己很少像爱迪奥尼斯那样爱过一个男人。

纠结的恋情终于尘埃落定，杜拉斯心中那没有希望的"街心花园"，或许也会迎来另一段温暖的故事。

最终，她被欲望淹没了

杜拉斯对爱情的期待值很高，加上强烈的占有欲，她是一个时刻都需要依靠爱情而活的女人。

在她的爱情世界里不存在平静如水，只有像烈火一般的情、吞噬一切的欲望。

离开迪奥尼斯后，她又疯狂地爱上了一个男人。这个男人英俊迷人而又古怪阴郁，同时也是个学识渊博的人。他叫热拉尔·雅尔罗，职业是记者，亦是一名作家。

两人的相识是在圣诞节的聚会上，他们尽情聊天，在聚会结束的时候，雅尔罗自然而然地提出要送杜拉斯回去。不过，杜拉斯却拒绝了。但事情并没有就此结束，别有用心的雅尔罗从朋友那里得知了杜拉斯的地址，他给她写了一封信，上面只有几个字：我在咖啡馆等你。咖啡馆就在杜拉斯的公寓附近，她还是没去。然而，雅尔罗却有十足的耐心，每天都要等上五六个小时。第八天，期待新的爱情和欲望的杜拉斯终于走进了咖啡馆，和这个男人谈情说爱。

就这样，在杜拉斯的生命中，一个新的男人把她迷住了。她在他的身上找到了自己久违的需求，尽管这个男人喜欢吹牛，有些轻浮，甚至远远不如迪奥尼斯和罗贝尔，但她是那样的解脱，她可以畅所欲言，可以毫无顾忌地大笑，可以在酒吧中过夜，或者在街上逛到凌晨再回去，然后在朝着花园的房间里释放自己那深沉的不被满足的欲望。

在性爱方面，雅尔罗堪称一个完美的情人。虽然他当时已经结婚了，和妻子育有三个孩子，但他依然在外面拈花惹草，而且总是成功得到自己想要的女人的心。因为他英俊，魅力十足，同时又充分掌握了勾引女人的伎俩。

这样的雅尔罗似乎对极了杜拉斯的胃口。她尝到了前所未有的爱抚，很快，她就迷失了自己，沉醉在和雅尔罗的肉体之欢中。她也改变了以往的生活和写作方式，终日与雅尔罗斯混、喝酒、疯狂、堕落，还有暴力。

肉体之欲让她发现了内心深处的自我，她觉得随着这段感情、这段欢愉的升温，灵感正源源不断地汇聚在一起，成为她想要表达的文字。她发现自己不用再像以往那样，从海明威、维托里克、贝克特等人的作品中寻找灵感了。这一次，她完成了自我升华，真正地从学习中的女人，转而成为了只依靠自己、相信自己的作家。

几个月后，杜拉斯决定创造一部新的、一段充满疯狂爱情的作品，当然，故事的蓝本是她和雅尔罗的恋情。就在这时，噩耗却突然传来，母亲去世了。杜拉斯收到电报时，已经晚了，她再也见不到母亲了。她当即连夜驾车赶回去，想着一定要赶上第二天早晨的葬礼。

车在夜间的道路上飞驰，杜拉斯却害怕极了。当快要到达母亲的家时，她突然停了下来，和雅尔罗走进一家旅馆。"我们又做了爱，无法说话，只是喝酒……我们无法彼此接近，很害怕，一直在发抖。"

葬礼就在不远处的家里举行，而她却和一个男人附近做爱。这是一个怎样的女人？

是太爱母亲了才会做出这样惊世骇俗的事情，还是说她真的很害怕，只有用欲望才能填满内心深处的恐惧？

多年之后，杜拉斯回忆往事，曾经说过这样一句话："今天，我不再爱母亲了。"

随着时间的过去，杜拉斯对母亲的感情在变化。尽管她会抱怨母亲对大哥的偏爱，尽管她会恼恨母亲为了流氓一样的大哥操劳了一辈子，尽管她和母亲没有实现心灵上的融合，但是，从来都没有人能够否认，她是爱着母亲的。

最后，杜拉斯独自一个人去了母亲的家里。丧葬官在等着她。没有其他人前来送别，守在母亲身边的只有仆人阿杜，以及终于知道来看望母亲的大哥。在入葬之前，杜拉斯平静地吻了吻母亲那早已冰凉的前额，没有哭，也没有任何表情。

然而，她的哥哥，却在这时流泪了。

杜拉斯一点也不感动，她早已对这个男人没有任何感情了，既不爱，也不再恨了。

她想着哥哥所做的一切，知道他永远都不会改变流氓的习性。母亲为他买下的树林，因为赌博，一夜之间被输掉了；母亲为他买的房屋，因为一时的奢侈挥霍，也被卖掉了；当再也没有什么能够变卖时，他又开始偷钱，至于母亲被偷走的钱，她不知道有多少，也不想知道了。这个四十多岁的老男人，他今后注定只是一个无赖。

终于结束了，母亲的去世，让杜拉斯觉得她对这个世界的亲人没有什么可留恋的了，再没有必要与永远也不会改变、永远像个寄生虫一样的大哥联系。他们之间的爱恨交织早已该结束，她要从这种折磨中走出来。

葬礼完毕，杜拉斯回到了旅馆。他们并没有马上退房，而是一起待在房间中，互相殴打，一起在夜里疯狂地奔跑、酗酒，相拥着哭泣，然后投入到肉体的沉沦之中。显而易见，这两个疯狂的人似乎找到了完美的契合，他们从认识之日起，就投入到了一种对爱、欲望甚至是酒精和暴力的迷狂之中。

这样的生活方式是杜拉斯所渴望的，但却不是迪奥尼斯和罗贝尔认可的，尤其是迪奥尼斯。他觉得继续让儿子乌塔跟着杜拉斯这样"异类"的母亲，对儿子的成长并不是一件好事，于是他不顾杜拉斯的反对，强硬地将乌塔送到了香本一里尼翁寄宿学校。

说实话，没有了儿子的束缚，杜拉斯更加肆无忌惮了，她和雅尔罗完全沉浸在没有节制的玩乐当中。在此期间，她也终于写出了母亲去世前就一直在酝酿的小说——《琴声如诉》。

1958 年，《琴声如诉》由子夜出版社印刷成书。杜拉斯没有像往常那样选择伽利玛出版社，这看起来很不寻常，似乎预示着某种决裂。事实上，尽管之前她因为要预支稿费，和伽利玛闹了矛盾，甚至一度在语言上要求中断合作关系，但实际上他们的合同并没有中止。更何况她最信任的两个男人罗贝尔和迪奥尼斯都在伽利玛工作，而伽利玛的负责人加斯东也是她的朋友，两人经常一起吃饭，至于她奉为导师的雷蒙·格诺，此时依然掌管着伽利玛的审读委员会。在他们看来，似乎杜拉斯离开伽利玛完全没有道理。

但是，杜拉斯的内心其实想要一种被重视的感觉。

比起总是对她的小说提出批评、看起来有点神圣不可侵犯的伽利玛，她当然更喜欢有人钟情于她的作品，而子夜出版社恰好满足了她的需求。因为子夜出版社的编辑阿兰·罗伯格—里耶花费了很长一段时间，就为了说服她答应这件事。

1957 年 10 月，杜拉斯决定把书稿交给子夜出版社前，给伽利玛的负责人加斯东写了一封信，表达了自己的想法。不过，加斯东并没有答应。从出版了杜拉斯的《平静的生活》开始，他就一直相信杜拉斯是一个天才作家。而在支持了杜拉斯这么年，他当然不会就这样将自己的作者拱手让给他人。

杜拉斯没有放弃，继续给加斯东写信，措辞也更加温和："我在您这里出版了六本书，一直很忠诚。第七本您就让我给别的地方吧。"

最后，加斯东同意了杜拉斯的请求，但他同时也提出，以后她的书还要继续交给伽利玛出版社。

就这样，《琴声如诉》几经波折后终于面世。很明显，这本小说是杜拉斯献给她和雅尔罗的，书中到处可以见到他们的影子。

小说的主人公是一个中产阶级女人，名字叫安娜·德巴莱特，她厌倦单调的生活，忧郁、酗酒、暴躁。她带着自己引以为傲的儿子去上钢琴课，然而，她的儿子很调皮，最后是在老师的强迫下才弹琴的。这引起安娜内心的不满，她认为这个钢琴教师是不合格的，并没有让儿子懂得欣赏音乐的美妙。

这对母子，看起来似乎就是杜拉斯和儿子乌塔的缩影。后来，杜拉斯在一次广播访谈中证实了读者的猜测，她说："我的儿子很有音乐天赋，他学钢琴时，我的生活全乱套了。整整一年，我没有写作，我做的唯一一件事就是陪他去上钢琴课，督促他练琴。"

在钢琴课下课后，杜拉斯和儿子会遇见什么？没有人知道。但是在小说中，安娜和儿子下了钢琴课往外走时，便看到了正在发生的犯罪现场。在楼下的咖啡馆前，躺着一个正在流血的女人，她是被一个男人杀死的，而这个男人并没有逃走，而是抱着她，呼唤着"我的爱，我的爱"。就是这个场景，引起了安娜的遐想。她有些不解，难道说一个男人会杀死他爱的女人？男人最后被警察带走了，安娜却陷入了男人和女人的纠葛中难以自拔，她想要找出关于这个女人的一切，弄清楚事情的真相究竟是什么。此后，她便经常到咖啡馆里。

在这个凶杀现场，安娜遇到丈夫企业里的一名职员，肖万先生。这个男人生性懒惰、游手好闲，已经被工厂开除，于是他在城中闲逛，并经常在深夜走动，在安娜心目中是"大胆"的一类人。然而，这两个来自不同阶级的男人和女人，却都有一个共同点，那就是孤独。于是，两个人互相吸引、相互靠近，是再自然不过的事情了。

　　每天，他们都要见面，在昏暗的灯光下喝酒，谈论凶杀案，进行各种推测。这引起了人们对安娜的猜疑，但是安娜毫不在意，照旧到咖啡馆里。他们互为对方所吸引，谈话时总是直达心底。很快，她和肖万之间便产生了一种激烈的感情，这种感情充满了各自潜藏的欲念、行为意向、孤独绝望的心境。他们也做了许多疯狂的事情，包括迷乱的情爱。

　　然而，无论他们多么相爱，在心境上是多么契合，但这种含有阶级层次的爱情，终究是不为人们所认同的，再加上他们心中早已存在的困惑，对既定秩序的认可和屈服，最后，他们分开了。至于凶杀案，它真实的情况已经无关紧要了……

　　事实上，杜拉斯在叙述时，并没有将故事和背景交代得十分清楚，只是提供了一个个片段，由读者自己去组合，去判断。这也是她最爱用的写作手法，不是在写故事，而是在制造装有线索的智力拼板。作为读者，如果没有找到其中重要的细节，那么便会觉得她的文字太过晦涩难懂。当然，一旦将细节片段拼起来，一个完整的故事便会形成。这种奇特的表现方式，就是杜拉斯的叙述风格，冷峻、平淡，同时又充满内涵。

　　《琴声如诉》的出版让杜拉斯的地位再次得到了彰显。有些评论家甚至认为杜拉斯和萨洛特、罗伯—格里耶是一个战壕里的先锋，并将她归为新小说派。杜拉斯当然不认同这种说法，她觉得自己是独一无二的，不属于任何派别。不过，杜拉斯同时也承认，能够和她尊敬的萨洛特相提并论，她还是觉得非常骄傲。

一段迷乱的欲望成就了一本小说，这就是杜拉斯的魅力所在。这个与众不同的女人，她终于成为了真正的自己，也认清了内心的真实感触和渴望。

夏夜十点半钟的呐喊

杜拉斯迷恋上雅尔罗后，并没有和迪奥尼斯、罗贝尔分开，在一段时间内依然住在圣伯努瓦街，他们仍然像家人和知己一样共存。雅尔罗没有加入进来，也很少来拜访，因为迪奥尼斯不喜欢雅尔罗，而雅尔罗也感受到了这种无声的排斥，很有自知之明地保持着距离。因此，当杜拉斯想和她的新情人见面时，便只能到沃利街的单身公寓。

在沃利街，杜拉斯充分地享受到了自由。她随时可以在半夜时和雅尔罗一起开车出去兜风，然后喝得烂醉如泥地回去。他们疯狂，迷乱，暴力，想要怎么生活就怎么生活。

杜拉斯陷入这种沉沦的状态中难以自拔，几乎完全以雅尔罗为生活的中心。但是，雅尔罗却过着双重生活，一方面是温暖的家庭，那里有贤惠的妻子和可爱的孩子；另一方面则是沃利街的单身公寓，他在这里和杜拉斯像个疯子一样相守、相爱，有时也相互折磨。

"各人有各人的生活，但是所有人都知道我们相爱。"杜拉斯对两人相处的方式感到很满意，她并不在乎雅尔罗已经结婚了，也不在乎雅尔罗把她当情人一样对待。在她看来，只要她需要雅尔罗时，这个细腻、敏感、温柔而又另类的男人能够出现在她身边，就足够了。

不过，情人的陪伴并不稳定。雅尔罗经常要出差，有时还会无声地失踪一段时间。于是，沉迷在这段感情中的杜拉斯，就只能等着，一小时，一天，或者是几天几夜。

被感情冲昏头脑的杜拉斯，就这样为一个男人牵肠挂肚，却不知道她的情人其实并不如她想象的那样完美。每个人都能看出来，雅尔罗是一个骗子。他的妻子说他爱撒谎，有"谎话癖"。当杜拉斯发现她的情人的真实面目后，她觉得自己要疯了，她试着去妥协，去迁就对方。

然而，对于杜拉斯的主动让步，雅尔罗似乎并不在乎，依然我行我素，一走就是很久，甚至一句解释也没有。杜拉斯就这样陷入绝望的等待中。杜拉斯深深地爱着雅尔罗，却不知道如何去处理这份感情，焦躁、伤心、抑郁的感觉反复在心中交替着出现。她想要寻找到解决问题的办法，想要大声地喊出自己的不满和绝望。

于是，她只能写，不停地写，用文字将心中所有的感情诉诸纸上。由此，一本描写女人的迷茫感情的新小说诞生了，那就是《夏夜十点半钟》。

在现实中，杜拉斯沉醉在与雅尔罗的强烈感情中，难以抽离出来，也难以冷静下来，但在小说中，她却理智地描绘了女主人公的爱情悲剧。

具体来说，这本小说讲述了一段三角恋情：丈夫皮埃尔、妻子玛利亚，他们的女儿朱迪特，以及妻子的闺蜜克莱尔，四人一起驾车去度假，结果在路途中遇到暴风雨，于是，他们只好停下来，在一家已经爆满的旅馆中避雨。但是旅馆里并不平静，因为他们到达之前，这座小镇刚刚发生了一场凶杀案，而凶手还没有被抓到。警察在旅馆中，在街道上，在关口处，不停地穿梭着，企图找到凶手。后来，玛利亚离开丈夫和闺蜜，带着女儿去咖啡馆喝酒，然后从人们口中听到了凶杀案的整个过程。这是一场情杀，一个叫罗德里戈的男人发现妻子和情夫偷情，便将两人全部杀死，逃跑了。"在城里一家屋顶上。"和玛利亚一起喝酒的客人神神秘秘地向她透露着凶手的行踪。玛利亚却并不觉得害怕，反而产生了莫名的感触。那个逃跑的凶手，多像自己。她的丈夫和闺蜜，此时难道不是趁着自己不在，悄悄地互诉衷肠，甚至做些更亲密的事情？她知道闺蜜和丈夫互有好感，知道他们在背叛自己，但她却没有想过要杀了他们。她做了什么呢？她在帮助凶手逃跑，尽管这个凶手最后开枪自杀了。凶杀案的三角关系结束了，可她和丈夫、闺蜜之间的关系依然在纠缠中，找不到出路……

　　小说中，杜拉斯通过"妻子玛利亚"和"闺蜜克莱尔"之口，讲述了女人在陷入爱情时的无力感。无论是迷恋别人丈夫的克莱尔，还是受到双重背叛的妻子，都是可怜之人，他们都不如那个周旋在两个女人中的丈夫皮埃尔厉害，能够同时爱着两个女人，甚至想要在两者之间达到一种平衡。

　　当然，在现实中，杜拉斯的角色更像是小说中的闺蜜，她和已婚的雅尔罗纠缠不清，她对他充满欲望，而这种感情也是被雅尔罗的妻子知晓的，他们三个人都感到痛苦，但谁也没有选择离开，就像小说的结局一样。因为，那时的杜拉斯心中还是没有答案。

　　至于小说中女主人公玛利亚的内心活动，则是杜拉斯的一种倾诉，一个在感情上遇到困惑的女人的倾诉。玛利亚继承了杜拉斯的一切性格，酗酒，迷茫；而如果不喝酒，则又是忧伤的，孤独的，对感情和生活无所适从。最后，她似乎不再相信丈夫了，拒绝了丈夫的回心转意。或许她不会离开丈夫和闺蜜，也不知道三个人的未来会是什么样子，但她的爱情结束了。

　　杜拉斯笔下的女人，总是有她的影子，她们渴望爱，却都是爱情的失败者，只能一次次逃离，就像与拉格罗莱分手，和罗贝尔离婚，逃离深爱的迪奥尼斯。至于情人雅尔罗，杜拉斯当然知道他们之间出现问题了，只不过她目前还没有答案，还不能从那种迷恋中逃走，所以，她更愿意在等待中煎熬度日，直到有一天，她对这份爱彻底失望。

第八章

影像与对白里的世界

广岛，这就是你的名字

除了创作，杜拉斯还与影视产生交集了，那得从出售《抵挡太平洋的堤坝》的影视版权谈起。1957 年，她成功将这本小说的电影版权卖给了导演勒内·克雷芒，为此得到了数额颇高的版税。

对于最终改编成的电影，杜拉斯十分不满意导演安排的大团圆结局——约瑟夫回到了白人圈子，并且将堤坝重新修建起来。这个结局让她觉得被背叛了，为此，她得到了物质上的利益和补偿。她用这笔钱，买下了诺夫勒的城堡，一个属于自己的独立的房子。

为了购置房屋，杜拉斯几乎花光了所有的钱财，甚至还向朋友借了不少，日子过得非常拮据。这个时候，加斯东·伽利玛给她出了一个主意，那就是将《广岛之恋》的剧本交给他的出版社出版。杜拉斯尽管觉得这样做不好，不过在考虑到现实问题后，她还是同意出版了，将这个曾经只有导演、演员、编剧等少部分人才知道的故事底本，公之于众。

提到《广岛之恋》的剧本，它的成功是一种必然，但它的出现则是一种偶然。

当时，导演阿兰·雷奈想要拍一部长胶电影，正在寻找剧本，而阿尔戈电影公司的创始人阿纳托尔·多曼则恰好与一家日本公司在谈判，于是建议雷奈拍摄一部关于广岛的纪录片。多曼甚至将剧本名都想好了，就叫做《比卡杜》，一个在日文里代表"核爆炸之光"的名字。但是，雷奈却不喜欢这个项目，出于对老板的尊重和谨慎，他还是观看了十多部有关核爆炸主题的片子。他承认关于广岛的题材不错，但他同时也认为，如果多曼真的决定要拍成纪录片，那还不如直接去购买日本人的版权，"我不可能做得比他们更好，现在需要的是拍一部故事片，我们不能再拍这方面的纪录片了。"

在交流的过程中，雷奈提到了杜拉斯，他对杜拉斯的《琴声如诉》推崇备至，也对杜拉斯的文字一见钟情。他甚至坦诚，就是不被评论界看好的《塔吉尼亚的小马》和《街心花园》，他也非常喜欢和着迷，觉得杜拉斯得语言很有音乐性。总之，雷奈认定了很有"风格"的杜拉斯，他对多曼说，

"无论如何，我想和她联系。"

没多久，雷奈便给杜拉斯打了电话。当时杜拉斯因为《抵挡太平洋的堤坝》被导演拍成了自己不喜欢的结局，因此她想写出能够自己做主的剧本。无疑，雷奈的电话打的正是时候，杜拉斯当即就同意了见面。杜拉斯和雷奈的会面持续了五个多小时。两人达成了一致意见，那就是拒绝将可怕的核爆炸当成是第一主题，也拒绝拍摄成严肃的纪录片形式。他们只需要引发人们思考：核爆炸的发生，到底带来了怎样的恐惧，它对人们的生活又产生了哪些影响？只有这样，电影的作用便达到了，至于其中的故事结构，则需要杜拉斯来安排。

三天后，杜拉斯就写好了一段对话，一个年轻的法国女人与一个日本男人关于爱情的对话。雷奈读了之后很激动，将它拿给制片商看，他们也同意了这个创意。就这样，杜拉斯便真正地接受了这份工作。根据雷奈的要求，故事发生在两个阶段的不同场地，一个是广岛，另一个地点，最终被定在了德占期间的法国。

主题、时间和场景都确定下来后，杜拉斯仅用了两个月的时间，就创作出了大概的思路。在她的脚本里，是关于两个地点、三个人物的爱情故事：法国女人、日本男人和德国男人。具体来说，就是一个年轻漂亮的法国女人在被核爆炸侵袭的广岛，遇到了一个英俊的日本男人，他们之间发生了一段旖旎的艳遇，一段看似突兀却又有些韵味缠绵的故事。

而在遇到日本男人之前，法国女人也曾经有过一个深爱的男人，那就是来自法国占领区的德国士兵，但因为战争，他们之间的恋情注定绝望而悲伤。

故事是雷奈想要的模式，然而，怎么将在不同时间和空间里发生的事情连接起来，成了杜拉斯头疼的问题。她没有创作过剧本的经验，对于如何将三个人的故事以剧本的方式铺展开来，一点概念也没有。对此，雷奈拿出了百分百的信任，他安慰杜拉斯，"您只要负责文学的部分，不要管镜头的事"，"来吧，我们很有运气的，可以拍成一部成本不高的片子"。他给了杜拉斯九个月的时间创作剧本，让她尽管往下写，怎么高兴就怎么写。

完全放松的杜拉斯，先是按照雷奈的要求写了三个人物的详细传记，让人物的形象渐渐立体起来。剧本中，法国女人的职业被确定为女演员，一个到广岛拍摄关于和平电影的法国女人。故事就发生在她回国的前夕，那时她要拍摄的影片只剩下一组镜头，就是在这个时候，她遇到了日本男人。关于两人是如何相遇的，是在喧闹的酒吧里，还是在了无生气的街道上，杜拉斯决定不予交代。在她看来，世界上多的是萍水相逢的际遇，重要的是，他们在相遇之后做了什么？做爱。杜拉斯简单直接地诠释了这场艳遇，一如她的风格。

欲望之后，男人和女人便一丝不挂地开始对话。话题当然是从广岛展开，一段近乎歌剧对白似的语录。女人说："我都看见了。毫无遗漏。""我连医院也看到了。对此，我确信无疑。广岛有医院。我怎么能对此避而不见呢？"男人则回答："你在广岛并没有看到过医院。你在广岛什么也不曾看见，一无所见。"

关于广岛的一切印象，都是从旅馆中的床上两个赤裸男女的口中娓娓道来。零星的片段，没有系统的言语，却又那般真切，这就是受到创伤的广岛应该有的景象。相比较女人长篇大论的话语，男人显得有些沉默，但是他的那句"你在广岛什么也没看见，一无所见"却成了许多人心中的经典。人们记住了这句话，在很长一段时间里都将它当成了广岛的名片。

如果故事就这样，那么它便是一段平淡无奇的艳遇，即便发生的地点是在刚刚经历核爆炸的广岛。但是，杜拉斯并没有让男人和女人的相遇朝媚俗化的方向发展，也没有将他们的一夜风流发展成一段浪漫的言情故事，她让两个人分开了，然后再重新相遇。这一次，地点从旅馆转移到了男人的家里。然后，随着交流的加深，他们知道了双方都是已婚。他们甚至真诚地交换了各自的生活状态：

"我是个跟妻子在一起过得很幸福的男人。"

"我也是个跟丈夫在一起过得很幸福的女人。"

然而，即便他们的婚姻生活很幸福，两人还是再一次发生了关系。在赤裸的交缠后，日本男人表现出了对法国女人的浓厚好奇心，他提到了内韦尔，只是因为法国女人在旅馆中说过"我一生中最年轻的时光是在内韦尔"。他问她在战争期间爱上的人是不是法国男人，由此引发了女人对曾经的爱人的回忆。

到此为止，故事的构架基本搭建完成。杜拉斯又用了一些时间，顺利地完成了剧本的创作。当她将薄薄的剧本交给雷奈时，对方感到很满意。

当然，要完成电影的拍摄，仅有剧本是不够的。因为经费的问题，制片商没有安排杜拉斯一起去日本，不过雷奈每天都会将他的所见所闻写信和杜拉斯交流，然后杜拉斯再继续将关于广岛的场景补充到剧本之中。这是一段欢快的时光，他们的合作几乎天衣无缝，雷奈欣赏杜拉斯的风格，杜拉斯信任雷奈的建议。

广岛的戏拍得非常顺利，雷奈带着演员们回到了法国，然后开始拍摄内韦尔的场景。杜拉斯去了现场，看着法国女人和德国士兵的爱情渐渐在眼前浮现出来。

法国女人对年轻士兵的爱不顾一切，在树林中、在仓谷里、在废墟上，都有甜蜜恩爱的痕迹。但是，当时的内韦尔并不是一座适合恋爱的城市，"在内韦尔，唯一的结局就是等待等待死亡"，当战争结束，德国士兵被杀死了，女人在他的尸体上躺了一天一夜，但她的厄运并没有就此结束，她的脑袋被人们送到了剪刀下，剪光了所有的头发……拍到这一幕时，杜拉斯突然大叫着晕了过去。

场景太过真实。这不就是发生在她的朋友贝蒂·费尔南德兹身上的事情吗？这个曾经和德国人交往密切的女人，在巴黎解放后遭到了逮捕，被剃光头发，游街示众。至于那个法国女人和德国士兵的爱情，似乎也充满了杜拉斯和狱警戴瓦尔的影子，尽管她很多时候都不承认自己爱过这个男人，但是不管因为什么原因，她的确曾经和这个男人在一起过。

或许，只有理解发生在杜拉斯身上的爱与恨，才能够真正明白《广岛之恋》的内涵。

作为杜拉斯的合作伙伴，雷奈当然懂她。他对杜拉斯的文字回应，甚至达到了出神入化的地步，奇迹般地将杜拉斯想要表达的情感以镜头的方式呈现出来了。对此，杜拉斯也觉得非常神奇，她觉得自己和雷奈之间非常有默契，甚至将她和雷奈完全看成是一个主体，"我们希望把广岛写成一个爱情故事。我们希望这个故事非常美妙，但是这又是个在任何地方都可能发生的故事，尽管这一次它是发生在一个充斥着死亡威胁的地方。我们试图让这两个人在地理、哲学、历史、经济、种族上都尽可能离得远些，越远越好。在广岛这个地方，肉欲、爱情或者不幸似乎比别的地方更真切。我们也许会失败，但是我相信，这值得一试。"

他们的尝试成功了。《广岛之恋》在巴黎的首轮放映持续了六个月，有超过25万名的观众观看。对于一部不是很好理解的电影来说，简直是一个奇迹。接着在英国、比利时、德国等国家，它无一例外都取得了巨大的成功；在雅典则获得了奖项；在美国的纽约、洛杉矶和芝加哥等城市，其票房一直遥遥领先，长期位于非美国电影类的榜首；甚至南美的许多国家都争相购买了《广岛之恋》的电影版权。

这是属于制片商和导演的成功，也是属于杜拉斯的成功。但在提到《广岛之恋》时，杜拉斯总是会说，如果没有人向她订购《广岛之恋》，也许她永远不会写关于广岛的作品，尽管这个在广岛上发生的故事在哪里都会出现。

法国女人最后离开了广岛，她对日本男人说："广岛，这是你的名字。"

日本男人则回答："这是我的名字。是的。"

他的潜台词是什么呢？我们就到此为止，仅此而已。而且，永远停留于此。

通过法国女人和日本男人的故事，我们发现，杜拉斯的写作习惯还是没有改变，结局致命的爱情依然存在，只不过是移植了场景，让故事变得更加深刻。但无论怎样，杜拉斯对爱的理解，以及她那凝练优美的文字，都通过《广岛之恋》传遍了整个世界，人们知道了法国有一个奇怪的女人，她叫杜拉斯。

与流浪汉的长别离

自从《广岛之恋》大获成功后，她成为了一个名副其实的剧作家，许多制片商都邀请她加盟。这对于缺钱的杜拉斯来说再好不过了，既解决了她的经济危机，又可以创作自己喜爱的电影剧本。这是一件快乐的事情，也是一个自我发现的过程。

1960 年，杜拉斯开始为制片人拉鲁尔·列维创作新的剧本《长别离》。这一次的创作是和雅尔罗一起合作。对于和雅尔罗的感情，杜拉斯本一直是喜欢的，还付出了全部的感情。但是在发现了他的真实面目后，她感到十分的忧伤、孤独和无所适从。

而对于雅尔罗来说，他接近杜拉斯也是有其他目的的。

雅尔罗，出生于欧坦一个富裕的资产阶级家庭里，是父母最喜爱的儿子，因而自小便受到了良好的教育。他的父母希望他成为一个律师或是公证人，不过，雅尔罗并不喜欢枯燥的法律文书，而是对文学和艺术产生了浓厚的兴趣。于是，他离开了欧坦来到艺术氛围浓厚的巴黎。然而，巴黎再繁华，也不是他能掌控的地方。作为一个新人，他谁也不认识，更别说与艺术家们亲密接触了。但他很快就找到了窍门，凭借迷人的外表、能说会道的口才，他成功挤进了一个叫做圣日耳曼—德普雷的团体，并与鲍里斯·维昂成为朋友，接着又结识了超现实主义作家路易·阿拉贡。他在阿拉贡身边工作，在这个颇有影响的作家和活动家身边一直待到了 1953 年。

在杜拉斯与雅尔罗相遇前，这个男人在《法兰西星期天》

担任编辑，主要职责是按照既定的主题，构思出引人入胜的故事。由于时间有限，他当然不会自己去创作故事，而是将从其他报纸上看到的各种新闻改写成自己的故事。他成了名副其实的快餐文化的代表，对于一个一心想成为作家的人来说，远远不够，于是他经常围绕在真正的作家身边，大献殷勤，希望能够得到提携。

这样看来，雅尔罗主动结交享有盛名的杜拉斯便情有可原了。他开始以热烈的方式接近她，这对时刻需要激情的杜拉斯来说，正合心意，她深深地沉醉其中。雅尔罗是一个聪明人，他当然看出杜拉斯对他的感情和需求，他陪伴她，但是作为交换，要求杜拉斯在文人圈子里给予他保护。

或许杜拉斯被当时的感情蒙蔽了理智，她竟忽略了雅尔罗的人品问题，反而尽量满足他的要求。拍摄《广岛之恋》时，杜拉斯将雅尔罗带到现场，让他广泛地参与其中，并在《广岛之恋》上映时为他在片头字幕上争取到"文学顾问"的署名。在创作《长别离》剧本时，她让雅尔罗成为了合作者。故事取材于一条真实的杂闻：一个女人在街上偶然遇到了她以前被流放到集中营的丈夫。根据这条简单的事实，他们将其发展成一个故事，雅尔罗负责构建故事的框架，杜拉斯则负责描写详细的心理活动和对话。

最终的剧本故事是：在面对教堂的街道上有一家咖啡馆，老板是一个独身女人，名唤黛蕾丝。一个开卡车的男人和她保持着情人关系，感情一直很好，甚至要一起去她的家乡晓里欧。然而，在出发前，黛蕾丝见到了那个每天都唱着歌剧从咖啡馆前面经过的流浪汉，心中隐藏的感情也被激发出来。她哪里也不想去了，只想跟在流浪汉的后面。因为这个流浪汉，像极了她死去的丈夫，一个曾经被关押在集中营的男人。但流浪汉并不认识她，甚至在某一天企图撞车自杀。最后，他被送到了精神病院，而黛蕾丝一直到精神病院中去看望他。在她心里，始终相信这个流浪汉就是她的丈夫。

故事的结构很简单，但剧本用了大量文字着重描述黛蕾丝为了唤醒流浪汉的记忆而做的努力：她不顾危险地跟在他后面，在他蜗居的小棚屋外面待了一夜，然后跟着他捡废品，也看着他吃饭和整理报刊。黛蕾丝这样做的目的只有一个，那就是观察流浪汉的行为和外貌特征，企图找到流浪汉就是自己丈夫的证据。当她验证了心中的想法，便一心一意地要帮助流浪汉恢复记忆，她请来丈夫老家的亲戚，在他面前讲述过往的事情；她不停地播放丈夫爱唱的歌剧；她为他做可口的饭菜，和他跳舞……然而，流浪汉却什么也想不起来，或许是不愿意想起什么。甚至明知道只要假装是黛蕾丝的丈夫，就可以大大改善自己的生活，还是固执地坚守着无知和漂泊的幸福。"电影的目的，在于表现记忆和忘却的并存是不可能的。"杜拉斯解释说。

然而，这个合作而成的剧本，又有多少是雅尔罗的成果呢？全篇的语言风格明显都是杜拉斯惯用的，至于故事框架，似乎更像是杜拉斯与前夫罗贝尔共同经历的事情。她深爱的罗贝尔，曾经和流浪汉一样被关到集中营中，而杜拉斯在打听他的下落时，甚至一度以为他死了。可以说，剧本就是杜拉斯的人生移植，故事中的黛蕾丝为了让流浪汉恢复记忆、回到正常人的世界中所做的努力，难道不是杜拉斯帮助罗贝尔的真实经历吗？因此，很多人都确信，剧本的故事框架也是出自杜拉斯之手，和雅尔罗没有一点关系。

或许杜拉斯最清楚其中的情况吧。当《长别离》的剧本在1961年由伽利玛出版社印刷出来时，上面的署名只有玛格丽特·杜拉斯，而没有热拉尔·雅尔罗。

不管怎样，《长别离》作为杜拉斯负责编写的第二部作品，同《广岛之恋》一样获得了评论界的普遍好评，从整体上看还是一部可观性和艺术性都非常高的影片，尤其是优雅的剧本和演员的高超演技，更是征服了许多挑剔的评论家。

杜拉斯似乎成了电影家的吉祥之人，一部《长别离》为制片商带来了许多荣誉：1960年获得法国路易·德吕克电影奖，1961年获得戛纳电影节金棕榈奖，1965年获得日本《电影旬报》最佳外语片奖。

电影和剧本的成功，让杜拉斯越来越热衷于将自己的作品变成立体的有声影片了。在《长别离》之后，她没有立即投入到新剧本的创作中，而是接受导演皮特·布鲁克的建议，将《琴声如诉》改编成电影。当然，电影由她本人撰写台词。

在谈判的过程中，为了雅尔罗的前程和曝光度，杜拉斯再次要求和雅尔罗一起签署这份合约。导演答应了。但无论从哪方面来看，她都完全没必要这么做。可怜的杜拉斯，她到底什么时候才会发现雅尔罗根本就不值得她喜欢呢？

黑色幽默与行为分析

与杜拉斯接触过的人，都说她是一个又奇怪又疯狂的孩子，她做着一切正常女人都不会涉足的事情，但她同时又是一个勤奋的人。不谈情的时候，她就写作。

莫尼克曾经描述她工作时的状态："她每天起得很早，每时每刻都在工作，几乎不说话。……对她来说，她的工作就是写作。偶尔也会停下来做饭或者洗碗，但是她的写作不会被日常生活打断。她做了最好、最自然的分配。"

她的作品越来越多了，不只是长篇和短篇小说，也不只是电影剧本，她也开始集中精力创作戏剧。这就是杜拉斯，总是在不断发现另一个未知的自己。

其实，在写《广岛之恋》的剧本之前，杜拉斯就尝试创作戏剧了，并于 1959 年出版戏剧脚本《塞纳—瓦兹的高架桥》。而当她以剧作家的身份取得巨大成功后，找她写戏剧的人也越来越多，从而为她开辟了更加广泛的创作道路。

自 1960 年开始，杜拉斯的作品便陆续被改编成戏剧，搬上舞台。比如 1961 年上演的《街心花园》，1962 年上演的《树上的岁月》以及 1963 年上演的《塞纳—瓦兹的高架桥》，均取得了广泛影响。

尤其《树上的岁月》在当时成了人们争相谈论的话题。而对杜拉斯来说，这部戏剧的上演更是具有非凡的意义。她第一次看到母亲的形象真实地呈现在舞台上，就在自己眼前。杜拉斯觉得，在母亲去世后再看到她，完全是一种奇妙的感觉。

饰演母亲的演员是玛德莱娜·勒诺，她完全生动再现了杜拉斯母亲的形象，不仅在外形上神似，也包括灵魂、神态和动作的契合。玛德莲娜当然不是杜拉斯的母亲，也不是天生就能表演这样的角色，她只是理解了这位母亲。在表演前，她向杜拉斯要了一张她母亲生前的照片，并咨询其日常的行为习惯。她反复看剧本，反复推敲孤独的母亲对儿子近似扭曲的爱，她捕捉到了其中的悲情色彩，然后让自己变成"真正的母亲"。

杜拉斯对玛德莲娜的表演非常满意，在观看演出之后，她真诚地说道："《树上的岁月》是玛德莱娜的，不是我的，我不是这出戏的负责人，她才是。"

除了改编自己的作品，杜拉斯也改编别人的作品：曾经和罗贝尔一起改编了亨利·詹姆斯的《阿斯伯恩的证件》；和雅尔罗改编了威廉·吉卜森的《阿拉巴马的奇迹》；也和不熟悉的剧作家詹姆斯·洛德共同改编了《丛林猛兽》。

对于《丛林猛兽》这部戏剧，它最初由詹姆斯·洛德独自改编，后由于不满意自己的成果，便请求杜拉斯帮忙。杜拉斯拿到故事后首先删除不必要的情节，然后改变了叙事结构和节奏，将简洁的语言变得富有深意和朦胧的美感，从而使直白的故事变成了一出表现爱情神秘主义的悲剧。

1962 年 9 月，《丛林猛兽》在巴黎上映，毫无例外地取得了成功。评论家高度赞扬了改编的忠实性和质量，甚至赞美它就是杜拉斯本人的作品："玛格丽特·杜拉斯奉献给我们一出令人赞叹的戏剧，一出讽喻的戏，充满了等待和脆弱的美。"

当然，也有人持不同意见，让·雅克·高提埃就激烈地批评道："如果戏剧继续沿着这样一条没有出路的道路走下去，走入这条咬文嚼字和不疼不痒的死胡同，我要对作者、演员、剧院的负责人说，他们会因此付出代价的，两到三年以后，绝大部分观众会远离剧场。"

不管批评的声音有多愤怒，事实却是，凡是杜拉斯参与创作或改编的戏剧，都受到了人们的欢迎。她成了一张名片，一种无声存在的票房保证。

杜拉斯完全喜欢上了戏剧，从此再也无法摆脱戏剧所独有的那种气氛，激烈、安静、沉默，或是恐惧，都令她陶醉。她尽量出席每次彩排，因为她喜欢木板道具的味道，喜欢幕布遮挡下的昏暗光线，当然也喜欢那些可爱的演员。她知道怎样指导他们的动作，教他们说她独有的语言——破碎、断裂、局促、重复，像歌剧一样的对白。

或许是对语言的着迷，杜拉斯有时候也会单纯为了从语言上获得快乐而写作。1965 年上映的喜剧《水和森林》，便是出于这个动机创作而成。杜拉斯将它定位为逗人欢笑的喜剧，随意地描述了两个偶然相遇的女人之间的谈话。她们一开始谈天气、谈交通、谈家庭琐事，不过两人的对话很快被一起事故打断，一位先生在马路中央被一条小狗咬了。于是，谈话又的内容转到了小狗，甚至提到了用狗肉当原料的菜谱。

她在这部戏剧中大玩文字游戏，试图以富有深意的语言向人们传递幽默的智慧，但由于隐藏在文字中的幽默已经过时，并且需要破译才能理解，评论界对这部喜剧并不看好。

杜拉斯并不气馁，在《水和森林》之后又写出了另一部喜剧《沙迦王国》。这部戏主要描述了一个讲着奇怪语言的国度，在这个王国里，词语都有了别样的意思，比如水牛的意思是爱，雨的意思是幸福。杜拉斯对这种具有异国情调的语言投入了百分百的热情，甚至为此在东方语言学院听了许多课程。然而，她的黑色幽默再一次成为了虚无的存在，当戏剧在格拉蒙剧院上演时，没有人能够理解，观众甚至表示了轻蔑和嘲讽。这次评论界的态度也相对一致：杜拉斯不适合喜剧。

在许多人看来，杜拉斯另类、深沉、丰富，在语言上的创造力几乎无人能及，但却没有搞笑天赋，黑色幽默也很少有人能够懂得。不过，杜拉斯并不甘心自己的戏剧得到如此惨淡的回应，她开始寻求一种新的戏剧方向，即注重剧情的构建。

就是在这种情况下，《英国情人》诞生了，带着杜拉斯的期待走入人们的视野之中。

这是一个讲述犯罪推理的侦探故事：玛丽是一个又聋又哑的妇人，却无端被人杀害，毁尸灭迹。警察在调查取证后，认为凶手是她的表姐克莱尔。然而，克莱尔为什么要杀死这个十七年来一直为她操劳家务的表妹，却很让人费解。她是神经有问题，还是与表妹存在不为人知的积怨，抑或是别的原因，没有人知道。于是，杜拉斯以一个局外人的身份展开探寻。她先后揭露了三段录音，分别是克莱尔的丈夫皮埃尔的谈话、克莱尔本人的谈话以及他们的熟人的语录。这三次谈话，随着剧情的深入，将真相逐渐摊开。然而，人们对事实本身却还是存在争议，许多人认为克莱尔是疯了，但杜拉斯却认为这个女人是一种英雄式的存在。她只是在混乱的生活中不知所措，丈夫轻视她，任由她的邪恶思想恣意发展，于是她在非理性的状态下产生了杀人的举动。不过可笑的是，她没有杀死丈夫，反而杀害了感情一直很好的表妹。这是一种偶然的罪恶，还是痛苦本身原本就是这样复杂？

很快，导演洛德·雷吉就将充满犯罪激情的《英国情人》搬上了巴黎国家戏剧院的舞台。在上映前，他将剧院的演出厅大肆改造了一番，包厢全部取消了。雷吉希望观众在谋杀案发生前就产生一种眩晕感。显然，雷吉理解了杜拉斯创作《英国情人》的动机，"我们所有人身上都带有黑暗的部分"，这便是犯罪的精神根源。"我们想成为罪犯，谈论罪犯，认识它，理解它，将自己等同于这个它。"

《英国情人》为杜拉斯带来了戏剧事业的大丰收，评论界一致认为杜拉斯的作品呈现出的深度和精彩的心理分析，简直让人着迷。

杜拉斯再次成功了，她用实力证明了自己在文字上是一个无所不能的女人。

尽管她成为了一个家喻户晓的作家和剧作家，尽管她的收入越来越高，拥有属于自己的三套房产，也有仆人在照料她的生活，但她却不快乐。孤独，总是像影子一样缠绕在她的身边，让她从睡梦中惊醒，彷徨而不知所措。

她曾经的爱人罗贝尔和迪奥尼斯都有自己的家庭了，他们离开了，再也不会时刻陪伴在她的身边；她现在的情人雅尔罗，也有自己的妻子，行踪总是飘移不定。只有她是一个人，她离婚了，她的儿子也不在身边。每天回到空荡的房间中，她都想哭，即使投身于写作中，也难以排遣心中的落寞。

杜拉斯非常渴望过上正常的家庭生活。她尝试着戒酒，将头发剪短，穿羊毛衫和直筒裙，画中国的水墨画，或者烹饪，修灯泡，缝制各种各样的垫子，以及为朋友和孩子织袜子。对于这样的平静生活，她觉得十分享受。她开始后悔和雅尔罗的那段疯狂时光，虽然她在其中体验到了激情、欲望和自由，但更多的是体会到什么是孤独、什么是动荡不安与心力交瘁。

她再也难以忍受雅尔罗对她的欺骗，也难以忍受假装雅尔罗是爱她的。特别是雅尔罗借力杜拉斯站在了与其齐平的地位时，这种感觉尤其强烈。他们开始激烈争吵，甚至大打出手，不过依然没有选择分开。

为了避免让感情陷入困境之中，杜拉斯决定和雅尔罗暂时不见面，她把自己关在诺夫勒的城堡中，不停地写着新作品。在这里，她完成了《劳儿·维·斯坦茵的迷狂》这本颇受好评的著作，接着又开始创作《副领事》。

然而，杜拉斯的自我封闭和退让并没有让雅尔罗回心转意。这个总是花言巧语的男人，时刻都在欺骗她。杜拉斯彻底绝望了，非常生气地把雅尔罗从家里赶了出去。无论他说什么，无论他的朋友们怎样劝解，杜拉斯都下定决心要与雅尔罗彻底分开。她觉得自己太不幸了，很难再忍受雅尔罗的种种艳遇。

雅儿罗的确从杜拉斯的生活中消失了，不过是以另一种方式，他死了。在 1966 年 2 月 22 日，是在做爱的时候引发心脏病而死去的，当然，过度饮酒也是原因之一。

杜拉斯难以接受这样的事实，她又开始酗酒，回到诺夫勒中继续写着她在雅尔罗去世前就在创作的小说。她麻木，沉醉，涂涂改改，1966 年 7 月，在雅尔罗去世后的第五个月，杜拉斯的《副领事》顺利出版。但是，雅尔罗再也不会为她欢呼了。

毁灭吧，她说

雅尔罗的死亡，加上《副领事》完稿后也没有新的写作计划，杜拉斯陷入到前所未有的空虚之中，一直都恢复不过来。这个时候的她，需要一种全新的生活来填补空白的时间。在沉寂一段时光后，她选择了电影。不是将小说的电影版权卖出去，也不是给别人写新剧本，而是要拍摄一部属于自己的电影，由她亲自当导演。

其实拍电影的想法并不是填补空虚的产物，而是她很早就想这样做了。从第一部自己的作品被改编成电影开始，她总是不满意自己的作品最终被拍成的样子，她觉得他们没有理解自己的思想，误解了她创作的人物。所以，她要亲自上阵，再加上她为了讨好年满 18 岁且喜欢电影的儿子。她想通过电影来和这个从来不评论自己作品的儿子实现一次真正的对话。

心动不如行动，杜拉斯很快就挑好了要拍摄的故事，是之前写过的戏剧《音乐》。故事主要讲述了一对夫妻回到他们生活了十二年的城市办理离婚手续，然后各自开始自己人生的经历。戏剧拍摄期间，杜拉斯一直在现场，曾对其提出了一些建议。或许，那时她就已经有了电影的概念。

当真正要将这个故事拍成电影时，杜拉斯发现不是那么简单的事。于是，她聪明地选择了与导演保尔·瑟邦一起合作。两人都很认真，为了在诺曼底寻找到一个合适的旧式旅馆作为拍摄场地，曾走遍了整个城市，看了无数个旅馆，经过仔细对比之后才定下来。

然而，矛盾还是出现了。两人的意见几乎从不一致，尤其是杜拉斯喜欢别人按照她的意愿取景，态度非常坚定。为此，瑟邦经常要向杜拉斯解释他的拍摄目的和关于镜头的推进，"我小心翼翼地尽量做好每个镜头的划分，一个镜头一个镜头地来，因为我知道和人合作导演是一件很困难的事情。"杜拉斯很快明白矛盾的原因，两人必须分而治之，只有分开进行才能解决问题。

由于两人的合作并不是很顺利，再加上制片商对拍摄出来的成品不满意，两人甚至全部重新拍摄了一遍，最后导致拍摄周期比预定的要长，好在总算顺利完成。不过由于杜拉斯想要将这部电影"据为己有"，打算在字幕上加上"该片由玛格丽特·杜拉斯制作"，这导致瑟邦与她的关系再次恶化。

不管怎样，《音乐》可以说是杜拉斯真正意义上的第一部电影。在《音乐》之后，她又和导演于勒·达辛合作拍摄了她早在 1960 年就出版的小说《夏夜十点半钟》。

这一次，杜拉斯和达辛的合作就和谐多了，两人一起写剧本，一起修改，很快就将电影拍摄出来了。但是，评论界对这部电影的反应却很冷淡，他们认为杜拉斯把灵魂卖给了电影，将出色的小说拍摄成了一出粗俗的独幕剧。

杜拉斯并不气馁，很快又将目光集中到《毁灭吧，她说》。事实上，当这部作品于 1969 年刚出版时，杜拉斯就产生了将其拍为电影的想法，并花费了一个星期的时间改好剧本。

那么，这次找谁合作呢？杜拉斯有些犹豫，最后决定完全由自己来操作。她成了真正意义上的导演，也实现了早已存在的梦想，开始独立完成拍摄一部作品的所有工作，包括监制、导演、脚本创作、对话等等。她甚至做了预算，一切看起来似乎都走上正轨。

不过在演员的选择方面，杜拉斯首先就遇到了难题。这主要是由《毁灭吧，她说》的主题决定。小说是一部关于毁灭的作品，包括爱情、欲望、政治甚至是词语的毁灭。显而易见，小说表达出了对爱情的绝望、浓重的淫秽癖，以及同性恋倾向。

杜拉斯自己都承认，这是一部晦涩、黑暗的作品，每一个人物都充满着矛盾，他们对生活并不满意，却都在挣扎着活下去。而在语言的运用上，杜拉斯也直接拆分了正常的语句，全篇几乎没有连贯的句子，而是一个个被展开的穷尽所有含义的词语。

可见，对于这样一部无论在主题还是在文字上都有难度的作品，选择能够表现出作品深度和感觉的演员是一件十分困难的事情。

　　杜拉斯当然要亲自挑选演员，约了几乎所有的明星到圣伯努瓦街试镜，但都不符合杜拉斯的期望，她甚至经常在聘用与解约、大发雷霆和自我反省的情绪中反反复复。最后，她总算是将演员确定了下来。

　　电影的拍摄开始分工进行，预计在 14 天内完成。杜拉斯并不是导演系的科班出身，她是在实践中学习拍摄的。最初的时候，她觉得和大家一起工作非常快乐，但是很快，她的灵感枯竭了，不知道如何把电影进行下去。偶然间，她从《赋格曲的艺术》中发掘到灵感，以音乐来决定电影的节奏。当然，电影的主题依然是关于爱情，也关于政治。

　　电影终于完工了，与其说它是一部故事片，倒不如说是口号式和宣传式的电影。杜拉斯在其中运用了大量富含政治隐射性的对话，也富有许多关于她对性爱、欲望和爱情的看法，仿佛要将她全部的思想和主张都以一种独特的形式，灌输给观众。

　　晦涩无处不在，《毁灭吧，她说》成了一部真正需要分析的电影。即使杜拉斯企图用交错的固定镜头和面部特写来刻画人物的情绪——倦怠、恶心、恐惧和等待，但效果并不是很好，摄影机的方向似乎不是很到位，让人记不住关键的表情和其代表的意义。

　　对这样的电影，大众显然没有兴趣，不过还是在当时的艺术圈流行了一阵。一些知识分子为了"破解"这部电影，甚至组织了不少讨论会。那结果又是如何呢？批评的声音大范围袭来：

"让人感到厌烦，并且有自恋倾向。"

"风格过于简练，缺少严肃的政治主题。"

"这是部可怕、毒害人、令人头昏的片子，必须有相当大的勇气顺着这份曲折深挖下去，甚至说只有本身也反常的人才能在电影厅里继续看到头。"

不过，并不是所有人都对这部电影进行"攻击"，一些专业的电影杂志，比如《青年电影》就高度赞扬了杜拉斯的成果，认为她的电影是"视觉上的大胆创新"和"接近真理的成功尝试"。此外，著名的影评人菲利普·索莱尔斯也评价道："这是一部非常性感的电影，结尾美极了，捅破得非常突然。"

又是态度完全不同的评论，似乎在杜拉斯身上总是发生这样的事情。当然，如果撇开电影的创新性不说，这部电影的确不适合大众口味，观赏起来比较费力，因为观众需要耗费很大的精力来理解破碎的语言以及语言背后的含义。

杜拉斯才不在乎评论界，她做电影只是想从外部看见、听见其在内部看见和听见的东西，而这些隐藏在内心中的"东西"，只有身边的人才能够理解，至于外人的看法她只要选择性地听一听就足够了。事实证明，她的确是藐视了整个评论界，以完全的沉默进行了反击。

这便是杜拉斯，任性、执拗、自信，同时又独一无二。

有一种声音叫"印度之歌"

自从发现了电影的妙处，制作电影便占据了杜拉斯的大部分时间，成为她最主要的活动内容。她迷恋在其中，甚至放下了写作。

关于电影与写作的关系，杜拉斯的看法一直在变化。最初的时候，她觉得拍电影比写书要简单；后来又觉得两者之间没有差别，唯一的区别就在于拍电影的人和写书的人；又过了一段时间，她的想法再次改变，认为拍电影要复杂得多，因为写作只需要服从一种绝对的要求，但是在电影里却能够遇到更多未知的自己。总之，杜拉斯认为电影是物质的，写作则是精神的。

与其他导演不同，杜拉斯的电影几乎都是家庭式的：迪奥尼斯会在电影中客串演员，并且成为了杜拉斯最为欣赏的演员之一；她的儿子乌塔几乎参与了她所有电影的拍摄工作，有时候担任助理，有时候是摄影师。此外，除了这两个与杜拉斯关系亲密的人围绕在她身边，一些慕名而来的演员、剧作家、制作人、摄影师、灯光师等，也纷纷与她联系。他们想要进入她的圈子，为她工作，即使什么报酬都得不到也没关系。因此，杜拉斯的制作团队更像是一种部落关系，即以杜拉斯的道德观念、语言为核心的大家庭。

令人奇怪的是，这些与杜拉斯合作过的人，他们中的大部分人此后都与杜拉斯建立了长期而稳定的合作关系。或许，这就是杜拉斯的魅力所在。

杜拉斯也的确有能力吸引这些人，她擅长建立一种集体生活，这早在圣伯努瓦街的知识分子圈中就显现出来了。

她很健谈，只要她想，就能谈论几个小时，而且不让人觉得无聊；她做的饭菜也非常好吃，当她的"家庭成员"晚睡晚起时，她总是很早就爬起来，写作，并准备可口的饭菜；她对男人还有一种自然的吸引力，即使她已不再年轻，还是有能力让富有才华的男人们围绕在她身边，看她欢笑，听她发号施令，帮助她制作电影。

随着时间的推移，杜拉斯在拍摄电影方面积攒了许多经验，在《音乐》和《毁灭吧，她说》之后，她又拍摄了《黄色太阳》《娜塔丽·格朗热》《恒河女子》等多部电影。其中，《黄色太阳》是《阿邦、萨芭娜和大卫》的电影版本，主要以说话为主，但剧情晦涩难懂，因此只有少部分人观看了影片，甚至在很长一段时间里就被人们遗忘了。

至于主打温情戏的《娜塔丽·格朗热》，则是杜拉斯在她的诺夫勒城堡中拍摄的。迪奥尼斯和他的侄女是客串演员，他的妻子索朗日负责剪辑，当然，摄影师由杜拉斯的儿子乌塔担任。影片是一部关于女人的题材，主要讲述了平凡女人的一天，包括女主人公的生活状态、家庭情况、朋友关系、来访者等。通过这些任何地方都会进行的日常生活，杜拉斯企图将人的注意力集中到事物的物质性的一面，具体来说，就是歌颂平庸。从艺术上来看，《娜塔丽·格朗热》的画面光线非常柔美，不过这部影片总体上是脆弱的，充满着无数的沉默。

还有由 152 个固定镜头组成的《恒河女子》，其采用了新的拍摄手法，即画面和声音是分离的，画面先拍摄出来，然后再录制声音，最后合成为一部电影，且画面和声音没有任何关系。在杜拉斯看来，她就是要通过这种方式来加深观众的茫然感。电影拍摄完成后，她甚至在心里做好了被抨击的准备，也不指望会有人观看，但出乎意料的是，影片在蒂涅电影节上大受欢迎，并被选中参加了之后的纽约电影节。

杜拉斯从《恒河女子》中获得了极大的启发，她决定改变以往的拍摄方式，将声音与画面分离，使声的美感真正融入观众的心间，从而塑造出一种超现实主义的世界。就是在这样的背景下，后来享有国际声誉的《印度之歌》诞生了。

事实上，《印度之歌》最初是杜拉斯为伦敦国家剧院撰写的戏剧剧本，故事中的人物主要是从她的小说《副领事》中移植过来的：

安娜－玛丽·斯特莱特是法国驻印度大使的夫人，但她却爱上了法国驻印度加尔各答的副领事。随着感情的升温，副领事情难自禁，在大使馆的招待会上公开了他和安娜的爱情，结果被赶了出去。回到加尔各答后，副领事因爱变得疯狂，对安娜的感情也始终难以放下，于是在得知安娜和朋友一起到岛上旅游时，便跟随而去。而安娜，也在纷乱的爱情纠葛中变得不知所措，最后投海自尽。

相比较杜拉斯的其他作品，《印度之歌》的故事连贯多了，情节也很丰富，但杜拉斯并不打算将其拍摄成常规的剧情片。她说自己讨厌真正意义上的故事片、动作片和心理片，她认为"没有一部电影可以把写作充分表达出来，我们拍摄的不过是小说情节的电影诠释"，因此，她要改变这种所谓的直观电影，让电影成为真正意义上的影像艺术。

受到《恒河女子》的影响，她选择的是将声音和画面分离，形成一种莫名的存在。

为了让这种另类的拍摄方式顺利进行，杜拉斯写了四本分镜头剧本，对摄影机的移动、演员的位置、剪辑手法等做了详细地规定，甚至还画了草图。

1974 年 5 月 13 日，电影正式投入拍摄。杜拉斯和演员们预先在录音棚和咖啡馆、街道等地方录好了一段又一段的独白、对话，等到拍摄画面时再将这些声音穿插进去。于是，到处都是说话、互相交谈的声音，但彼此并不呼应，因为银幕上的演员一直闭着嘴巴。画面和声音形成了相互独立的状态，也使电影呈现出一种妙不可言的不适——究竟是谁在说话？

杜拉斯明显受到了超现实主义的影响，她经常让话语沉浸在一片嘈杂之中，它们不是冲着观众或读者的，仿佛具有一种完全的自治性，在自主地交谈。

作为导演，杜拉斯很好地完成了画面和声音的搭配，不过在配乐时又出现了一个问题，那就是同时播放音乐和录好的声音，声音部分会重叠，效果非常不好，因此，她必须在声音和音乐中做出选择。杜拉斯没有犹豫，她再次将两者拆开，让卡洛斯·达莱西奥的音乐填补《印度之歌》的对话空白，也利用这种感人的旋律确立电影的节奏。

说到这段实际上承担起主题曲的音乐，它是卡洛斯在一次舞会上临时用一架简陋的钢琴弹出来的。不过杜拉斯却发现了它的美妙："这音乐我听到过，那时每过三年就能回一次法国，在船上，在大海的中间，我听到的就是这样的音乐。"杜拉斯也承认在第一次听到这首华尔兹舞曲时曾感动得双眼含泪，所以对于如此美妙的声音，她自然会运用到此部电影中。

杜拉斯把《印度之歌》当成了小组作品，她从每个成员的身上都获取了一些灵感。然而，随着电影拍摄进入到后期，杜拉斯显得有些不自信，她一直在怀疑观众是否会喜欢画面和声音相分离的电影，而尽管之前的《恒河女人》受到人们的欢迎，这也不能给她带来安慰。

自从成名后，她第一次感到了不自信，第一次担心观众的评价。不过尽管心中存在忧虑，她还是没有放弃，始终拿着摄影机在各种场景中穿梭着。夏天快结束了，电影终于制作完成，她的成员们陆续离开了，回到属于她们各自的生活中。而她又变成了一个人，等待着最终的结果。

呈现给观众的《印度之歌》，是由 70 几个画面和 500 多句画外音构成。画外音的结构非常复杂，并不是只有一个人的声音，它包括两个女声和两个男声的画外叙述、银幕人物的画外对白、一个女乞丐的声音，以及环境中的人物语言和自然音响，几乎每个人都在说话。

《印度之歌》的上映大受人们欢迎，这是杜拉斯没有想到的。它成为了一部成功的影片，1975 年 6 月，18 万观众观看了这部电影，同时该电影进入到戛纳电影节。许多评委在观看这部影片后都给予了极大的好评，甚至认为金棕榈奖应该颁给它。

安德烈·戴尔沃宣称："这部电影既是作者的电影作品，也是作者的诗歌作品。我知道它迷住了整个电影节。如果它参加竞争，毫无疑问，我们将把金棕榈奖颁发给它。"

亨利·夏皮埃也赞叹道："《印度之歌》是电影节上的重大事件，它是一部独特的电影，和其他电影没有丝毫相像之处，很明显，它将是 1975 年唯一一部将深刻留在我们记忆中的电影。"

吉尔·雅各布则认为它达到了艺术的顶点，是一部提前了好几年的电影。

然而，众人期待的《印度之歌》却没有获得当年的金棕榈奖。很多人都大失所望，认为这是一个坏到极点的错误，是戛纳电影节永远的遗憾。但不管怎样，《印度之歌》，这部由杜拉斯独立拍摄而成的经典影片获得了成功，直到现在依然被当成典范之作在世界各地放映。

卡车：新电影形式

每个人都体验过失望的情绪，特别是当期望与收获没有对等时，这种因为巨大落差而产生的悲伤就更加强烈了。它像无处不在的黑暗，吞噬着人们对生活的希望。

杜拉斯同所有人一样也会失望、难过。自从《印度之歌》上映后，她的神经就处在一波三折中，先是不自信，接着被巨大的赞美声捧在云端，然而，当她满怀期待地等候美丽的彩虹时，现实却狠狠地给了她一记拳头，让她毫无准备地摔落在地上。

她开始觉得自己没有得到应有的爱戴、赞扬和荣誉，觉得自己与社会是脱离的，她很少再出门，大部分的时间都把自己关在诺夫勒或是圣伯努瓦街的公寓中，以看电视打发时间。她对每晚八点钟的新闻情有独钟，总是像信徒一样准时守候在电视机前，然后通过电话将她看到的新闻事件、她对主持人不怀好意的评价，乐此不疲地讲给朋友们听。

然而，其他的空闲时候，她便再也无事可做了。在寂静中，在空荡的房间里，她开始不停地思考：她是谁？她能够去哪里？她会遇到谁？她的生活又有什么意义？

这种哲学层次的问题源源不断地出现，最终都成为了她的新电影《卡车》的主题。

对许多导演来说，用胡思乱想来构建一部电影是难以想象的，甚至可以说是一件不可能完成的事情。但对杜拉斯，却一点都不奇怪，她总是擅长这种异想天开的创造。

《卡车》的故事情节非常简单，用一句话来概括，就是一个中年妇女搭上了一辆卡车，认识了开车的司机，但直到她下车时，他们也没有产生交集。于是，故事结束了。

当然，若要详细来解读，这个故事也是耐人寻味的：

中年妇女搭上卡车后，最初沉默不语，但是当车辆不断穿越公路、田野和村庄，她情不自禁地和卡车司机交谈起来了。在大部分的时间里，都是妇女一个人在唠叨，卡车司机偶尔才会附和几句，因为他对这个已经老去的女人并不感兴趣。至于中年妇女的谈话也没有明确的主题，包括路上的风景、太空世界、最新的科学发现、政治、无产阶级、爱情、童年住过的城市、她的孩子……似乎是想到什么就说什么，完全没有条理，也不知道她到底想表达什么。随着情节的推进，中年妇女的事迹也被揭露出来，原来她每晚都会拦车、搭车，然后对车里的人谈论她的生活。在这一趟乘坐卡车的行程中，中年妇女在旷野中独自下车了。下车之前，她说了最后的话，她说她整个一生都错了，该笑的时候她哭，该哭的时候她笑。她还说，让世界走向毁灭吧。

谈话，全部是谈话。故事的主人公几乎没做别的，只是在不停地念叨。

至于中年妇女的身份，到最后也没有明确交代，只确定是"一个落魄的人"。甚至是当卡车司机问她到底是谁的时候，她的回答也让人啼笑皆非："我不知道怎样回答您。您的逻辑我听不懂，当有人问我是谁时，我就神志不清了。"

然而，但凡看过这个电影的人都知道，这个中年妇女不是别人，她就是杜拉斯本人。

电影似乎更像是杜拉斯的思想录，仿佛什么也没有，却又无所不包。它展现了杜拉斯对曾经着迷的政治活动的看法："我相信这是很早以前发生的事。那时革命、阶级斗争这几个词是清清楚楚的，大家还不知道后面隐藏的又是什么。"以前不清楚的事情，杜拉斯现在已经明白了，她对自己从事的政治失望了："革命、阶级斗争，什么都没有了。"

电影中除了政治，杜拉斯的爱情观和生活状态也得到了全面的呈现，通过那个孤独的不知要到哪里去的中年妇女，她表达了爱情已然离她而去的忧伤和后悔：

　　她那时愿意为爱情而死。

　　她确是为爱情而死的。

　　然后，她的一生过完了。

　　她等待了十年，二十年，三十年。

　　一百年。

　　她的一生过完了。

那么，她是对哪一段爱情后悔了？是后悔与罗贝尔离婚了，还是后悔中断了与迪奥尼斯相爱却也相互折磨的日子，抑或是后悔与雅尔罗在一起的那段疯狂时光？

对于爱情的态度，杜拉斯没有选择像正常女人一样所拥有的家庭生活，即使是与罗贝尔的九年婚姻，他们表现得也不像是正常的夫妻，因为那时的杜拉斯还在为爱情而活，任性，自我，疯狂却又抱有浪漫的幻想。然而，当她的容颜渐渐老去，当她独自一人面对独孤的生活时，她是不是终于认识到爱情不可能陪她度过一生了呢？

这一次，杜拉斯，她不是在拍电影，而是在追述她的内心世界。

她甚至亲口承认了这样的事实："那个女人当然是我。这描写和我很相符，不是吗？"是的，的确是她，那个没有家庭、精神有些轻微失常的中年妇女，不是她又是谁呢？

有意思的是，《卡车》与她拍摄的其他几部电影很不相同，在这部影片里，她不仅出现在镜头后面，也出现在镜头之中。她既是导演、编剧，也是最重要的演员。当卡车在画面上沿着道路行驶时，她的画外音响起了，接着是她的身影——在一间泛着淡淡柔光的房间里，她坐在一张圆桌前，拿着纸稿，以抑扬顿挫的语调开始说话。

她就那样真实地出现在镜头里，一头短发，戴着一副大眼镜，神态有些疲惫，脸上是显露无遗的皱纹。她没有想过要用化妆或是特殊的光线，去掩盖岁月在身上留下的痕迹，仿佛就是要刻意告诉观众，杜拉斯已经成为了一个老女人。

杜拉斯是这部电影的主演，但令人惊奇的是，她不是搭车的中年妇女的扮演者，而是在讲述这个妇女的故事！没错，杜拉斯在荧幕中的身份是真实的，甚至可以说就是她自己：她是一个想要拍电影的导演兼编剧，正在向演员杰拉尔·德帕迪约讲述她对电影的构思。

他们的谈话非常细致，将中年妇女搭车的故事以交谈的方式，就那样毫无保留地讲了出来。于是，《卡车》这部电影呈现给观众的画面非常独特，人们只能看见前行的卡车，以及卡车经过的风景，却见不到卡车中的司机与中年妇女，他们之间发生的所有事情和谈话内容都是通过杜拉斯和德帕迪约的交谈，讲述给观众的，任由观众自己想象。

毫无疑问，这是一部另类的影片，和常见的电影很不相同，几乎没有任何直观的视觉呈现。那么问题来了，既然剧情是用谈话的方式"说"出来的，那它还能被称为电影吗？就像影片中德帕迪约询问杜拉斯的第一句话："这是一部电影?"

聪明的杜拉斯，在计划以这种方式拍摄《卡车》时，似乎就已经预料到人们的反应，于是她自己先进行反问，接着立即给出了答案："这原本是一部电影。不错，这是一部电影。"

1977年5月，《卡车》像之前的《印度之歌》一样，成为了戛纳电影节金棕榈奖提名作品，不过这次依然没有获奖。而影片在放映后，也引起了不小的争论，支持者和诋毁者形成了互不相容的两大阵营，对影片的评价也很极端，要么是"非常好"，要么就是"垃圾"。

对于这种结果，杜拉斯反而笑了。她本来就不是一个正常的人，她的作品又怎么会是中规中矩的呢？她的目的就是要摧毁传统的电影形式。

杜拉斯的自信回来了，不再像拍摄《印度之歌》时那样被评论和所谓的荣誉干扰了。她想要怎样就怎样，想要拍什么就拍什么，至于拍摄方式，也是按照她的心意来。当然，这并不是说杜拉斯一直在搞创新，她一生中拍摄了17部电影，还是有许多常规的电影，比如说《塞扎蕾》《阿加莎或无限的阅读》等。

第九章

信仰是一种力量

忠实的共产主义者

一直以来，作家留给人们的印象大多是"两耳不闻窗外事，一心只读圣贤书"，或者认为他们即使是一个社会人，却也是很少接触政治的。但杜拉斯不是这样，她不是纯粹的文人，她没有埋首在写作中而脱离社会。她钟情于政治活动，也广泛参与到其中。

如果说在巴黎大学念书时，杜拉斯还只想着学业，没有参与政治活动的想法，那么，在毕业之后，特别是辞去了殖民部的工作之后，她便再也难以阻挡住对政治的热情。当巴黎在二战期间被占领后，她一直秘密帮助正义的战士，后来更是直接参与到抵抗运动中。

即使丈夫罗贝尔被盖世太保逮捕，送入集中营，也没有让杜拉斯吓住，反而对政治更加感兴趣了。在巴黎解放后，她并未加入由抵抗组织演变而来的民主社会抵抗联盟，而是在没有咨询任何人的情况下，秘密加入了法国共产党，成为722小组的一名成员。

那是在1944年，杜拉斯对共产党产生了一种狂热的追随情绪。她坚信这是一个属于工人阶级的政党，可以带领人们走入公平和平等的新世界。加入共产党后，她像个战士一样奋斗着，一到周末就在大街小巷中兜售当时的党报《人道报》；她还一次不落地参加了722小组会议，积极提供建议。

杜拉斯高度严格要求自己。她从最底层做起，时常揽下张贴和散发传单的工作，并积极走访穷苦人民。她在722小组里的表现非常好，很快就成为小组的秘书，一年后，又收到塞纳河支部支委的升迁调令。不过杜拉斯拒绝了任何职务的提升，她觉得自己过于知识分子化，要留在基层继续学习。

狂热的政党分子基因在杜拉斯的身上体现得淋漓尽致。她积极地在街区里募捐，为小组活动筹集资金；她甚至把圣伯努瓦街的房子贡献出来了，成为共产党员在节前聚会的场所，也成为卖不掉的《人道报》的临时库房。

在杜拉斯的影响下，她身边最亲密的两个男人迪奥尼斯和罗贝尔也随之加入了共产党。不过当时法国的共产党，由于受到各种影响，分成了几个派别，各种观点都在涌动着。

杜拉斯对组织里的一些问题产生了疑虑，她不断地向党组织汇报自己的想法，请求上级做出解释。不过，她的上级只是以无关痛痒的话语安抚她，并没有在实质上解决问题。

杜拉斯对此感到极度地愤怒，她不断写信辱骂组织内出现的新型混蛋，尽管这些信最后都被她扔进了垃圾桶。她开始了一种新的斗争，与志同道合的迪奥尼斯、罗贝尔、埃德加·莫兰等人在圣伯努瓦街专门成立了马克思主义研究小组。这个小组主要针对组织内存在的一些问题进行批评，试图使法国共产党回归原本的道路。

于是，圣伯努瓦街成了"另类的共产党员"的聚集所，杜拉斯和朋友们在这里畅所欲言，为组织的发展提供各种设想。然而，这里的自由空气并没有持续多久，分歧、告密和背叛的气氛在不断蔓延。

导火线是从一篇文章开始的：1947 年 6 月 27 日，迪奥尼斯和莫兰将维托里尼"关于如何实现共产主义"的访谈刊登在《法国文人报》的头版，由此引发了一场范围广泛、影响巨大的争论。

一时间，疯狂的辱骂声铺天盖地向维托里尼袭来，他创办的《政治技术》杂志消失了。杜拉斯加入了这场论战，充满激情地捍卫着维托里尼。这场论战最后以维托里尼脱离组织而终结。

杜拉斯和迪奥尼斯、罗贝尔在法国共产党内始终没有放弃从内部改变组织、让组织回到初心的愿望。然而，他们在党内的地位越来越边缘化，组织把他们当做是绊脚石，认为他们越来越不听话，行为也变得出格，于是采取了孤立的政策，中断了由杜拉斯、迪奥尼斯和罗贝尔等人组成的知识分子委员会的会议。

党组织似乎已经决定和他们脱离关系了，只不过还没有下发最后的通知，仿佛还在观察他们是否会"回心转意"。

真正产生决定性的事件是 1949 年 5 月的一次谈话。在一个晚上，杜拉斯和圈内的朋友在波拿巴咖啡馆聚会，他们喝酒，畅所欲言，想到什么就说什么，谈话的主题最后当然是涉及了政治。杜拉斯、迪奥尼斯和罗贝尔高声嘲笑着组织内的某些领导，对他们进行了不客气地批评和嘲讽。

私底下的谈话内容最后被高层组织知道了。领导们非常震惊和愤怒，马上召开了小组会议，要求杜拉斯几人对自己的行为作出解释，并进行自我批评。

然而，涉事几人都没有出席会议，但同时也不想作自我批评。杜拉斯的态度则更为干脆，她效仿维托里尼的做法，于 1949 年 12 月底，向党组织归还了党证。随后迪奥尼斯和罗贝尔也效仿了她的做法。

事情并没有就此结束，一些人开始抨击杜拉斯的种种"恶行"：二战期间，曾在被德军占领的书刊检查委员会工作；生活腐化混乱，是资本主义的看家狗等。杜拉斯对此进行了一一反驳。同时，迪奥尼斯和罗贝尔也写了回信，声明他们都是正直、真诚和甘愿付出的人，而他们只是对组织内的一部分人的做法不满。

从这些信件来看，他们的态度都非常温和，在试图澄清事实。或许，他们还抱有重新加入组织的幻想，不过双方最后没有和解。三人被驱逐出了法国共产党。

杜拉斯在被驱逐出党组织后，一直都宣称自己是个共产党员，甚至每天晚上都要重新诠释共产党员的定义。"我从没有放弃过共产主义的希望。我就像是着了魔一样，不停地希望，不停地把希望放在无产阶级身上。"

她是一个忠实的共产主义者，不为形式，也不为利益，只追求一种灵魂的升华。

非正义战争的反对人

1954 年，法国发生了一件重大的事情，在距离第二次世界大战结束还不满十年的时候，战争又来了，法国当时的殖民地阿尔及利亚要求独立，但法国当局不肯承认其独立的主权国家地位，双方因此进入激烈的战争状态。

战争初期，法国为了维护自己的"利益"，在阿尔及利亚实施了一系列严酷高压的政策，甚至多次对无辜的平民进行屠杀。这引起了国际舆论的普遍不满，纷纷支持阿尔及利亚解放，而在法国国内，许多正义人士也都大肆抨击这种缺乏人道主义的行为。

此时，杜拉斯正面临着经济危机，在和伽利玛出版社争取更多的小说版税，不过当战争发生后，她立即将目光集中到这场国际争端上，言辞激烈地反对法国在阿尔及利亚制造的事件。不久之后，在她和迪奥尼斯的倡导下，反阿尔及利亚战争知识分子委员会成立了，许多持有不同观念和政见的进步人士，纷纷放下成见，都加入进来了。

1955 年 10 月，杜拉斯和其他三百多名知识分子一起，发起反北非战争请愿书。他们抨击法国当局的行为，认为这是一场非正义战争，是可耻的，徒劳的。他们也在请愿书中表达了一致的诉求：停止镇压，立即和阿尔及利亚人民展开和谈；结束阿尔及利亚的紧急状况，解散部队，停止种族迫害。

对于国内知识分子的请愿活动，法国驻阿尔及利亚的总督雅克·苏斯泰尔感到十分愤怒，他在《战斗》杂志上发表了《一个知识分子致其他知识分子的信》，指责杜拉斯等人是具有犯罪情节的知识分子，同时声称阿尔及利亚人才是真正的极权主义者。

反战委员会对阿尔及利亚总督进行反击，在文章中详细分析了阿尔及利亚的局势，反驳总督的观点。此后，双方争论不断。作为委员会的一员，杜拉斯主动承担起撰写各类文章驳斥总督的任务，她的文字非常激烈，大胆地向人们揭发了阿尔及利亚存在集中营的事实，而警察滥用私刑、法国军队对阿尔及利亚人民进行屠杀的行为也都被她揭露出来。

然而，局势还是没有改变，法国此时在阿尔及利亚投入的军队甚至达到了 40 万之多。

为了终止这场罪恶的战争，杜拉斯和反战委员会继续坚持不懈地斗争。在 1955 年底召开的会议上，杜拉斯提出了两个想法：一是召集更多的知识分子加入到委员会中，扩大委员会的影响；二是拍摄一部关于阿尔及利亚题材的纪录片，揭露他们的悲惨生活，以争取法国人民的同情。

1956 年 1 月召开的瓦格拉姆会议，是一次具有重要意义的讨论会。在这次会议上，反战委员会的核心成员明确提出：支持阿尔及利亚独立，坚决抵制任何形式伪装下的殖民主义。至此，委员会发展成为了一个态度鲜明的团体。

当然，委员会的反战工作并不总是一帆风顺，在这个团体内部，知识分子们对阿尔及利亚的看法不尽一致。杜拉斯属于左派，认为"阿尔及利亚人民要斗争下去，从侵略者手中获取自由"。埃德加·莫兰等人则反对阿尔及利亚民族解放阵线的某些行径。他们的争吵越来越激烈，渐渐地，会议减少了，成员也只剩下最初的几个人，委员会决定解散。

杜拉斯还是没有放弃，几乎将全部精力都投入到阿尔及利亚的事件中，她给众多报社和杂志写稿，在文章中多次谈及这场战争给人们带来的混乱和影响。她什么都写，尽量不做评论，只是将她看到的、听到的事实呈现给读者，让人们自己做出判断。为了全面反映出战争带来的悲惨生活，她甚至专门"偷听"别人的谈话，再将他们的聊天内容用文字真实地呈现出来。

可是，那又怎么样呢？法国当局还是没有与阿尔及利亚和谈的意思。

杜拉斯开始觉得自己势单力薄，不可能起到什么作用，她甚至怀疑自己这样做究竟有什么意义。但如果要她彻底放弃反战斗争，当一个清闲的作家，她又是坚决不愿意的。

1958 年 5 月开始，情况有所好转，持有不同政见的知识分子们又陆续回到了圣伯努瓦街，因为他们要回来帮助迪奥尼斯筹办一本新杂志。

这本杂志最终被命名为《7 月 14 日》，编委和撰稿人大多是圣伯努瓦街的"老成员"。他们针砭时弊，提出各种见解，当然，谈论最多的还是法国与阿尔及利亚的战争。他们再次达成了一致观念：不同意这场非正义战争，不同意没收自由，不同意专制主义。

众多志同道合的人的到来，让杜拉斯重新找回了信心，她积极为杂志撰稿。对杜拉斯来说，杂志带来的并不仅仅是自我价值的体现，更是一个抵抗机关的建立。虽然由于经费和政治原因，杂志只出了三期就停办了，但产生巨大影响力的《不服从阿尔及利亚战争权力宣言》还是诞生的。

《宣言》最初是一篇调查报告，后来被印刷成文，在整个欧洲流传。随着这份宣言传播的还有一张最原始的签名单，其中包括杜拉斯、罗贝尔、迪奥尼斯、雅尔罗以及其他许多知识分子的签名。为了扩大影响，宣言的签名活动一直在继续，但最终遭到了法国当局的镇压。

1960 年 9 月 5 日，军事法庭准备起诉在宣言上签名的弗朗西斯·让森。这个为阿尔及利亚民族阵线提供掩护、帮助募捐的政治人士，被控诉的理由是"图谋暴动"。二十多名签名者为让森出庭作证，杜拉斯因为有事没能出庭，不过她写了一封信，重申了宣言的正义性，坚持反对阿尔及利亚战争。

一切都没有改变，这场审判的结果是：14 人被判十年监禁，3 人接受其他刑罚制裁，9 人被宣判无罪释放。对此，杜拉斯非常愤怒，认为政府以强权压制了人们对正义的呼声，事情不会就此结束。

果然，在审判发生的一年多时间后，阿尔及利亚战争终于落下帷幕。1962 年 7 月，法国政府承认阿尔及利亚为一个独立的主权国家。

五月风暴，对她是重生

在第二次世界大战中，由于戴高乐将军在法国维希政府放弃抵抗德军进攻的情况下，领导自由法国的势力，坚决抵抗法西斯，为二战的胜利作出了卓越的贡献。因此，当巴黎解放后，戴高乐将军被推选为法兰西共和国临时政府的总理，并在1959—1969年担任了法国总统。

然而，杜拉斯却对戴高乐将军没有任何好感。这种反感从巴黎解放后就开始了，当时戴高乐采取的清算政策并不是杜拉斯欣赏的。到了阿尔及利亚战争时期，戴高乐在殖民地争取独立的事情上，持坚决反对的态度，并派遣法国军队前往镇压，更进一步加重了杜拉斯对戴高乐的反感态度。因此，当迪奥尼斯创立反对戴高乐的杂志时，杜拉斯立即参与进来了。

杜拉斯对戴高乐的不满并不是毫无理由的，在某些问题上，戴高乐将军的做法的确是不顺民心。1968年法国爆发的"五月风暴"就是很好的证明。

1968年3月份，法国的学生为反对美国向越南发动战争的行为，而在巴黎对美属产业投掷炸弹，结果被政府逮捕，这导致了学生抗议活动冲突的加剧。此时的法国，由于社会经济结构问题，社会矛盾日益凸显，因此，工会和左派政党便利用学生运动掀起了工人总罢工，最后在5月份达到高潮。

5月3日，巴黎的学生集会遭到了警察的干预，六百多名学生被逮捕，几百名学生受伤。但人们抗议的脚步没有停止，更多的学生、工人和政党组织加入进来，支持巴黎的学生运动，他们占领大楼，筑起街垒，和政府组织展开巷战。

从这场风暴中，一直希望实现共产主义的杜拉斯似乎看到了希望，也找到了一种在政治上重生的力量。她以无限的活力每天夜里都去听学生演讲，几乎参加了所有的游行活动。这种感觉让她觉得非常快乐，仿佛又回到了巴黎解放初期的状态。街道是属于人民的，一切都是掌握在人民的手中。

她召集了之前组建《7月14日》杂志的朋友们，向他们发出呼唤：一个梦想的时代就要到来，要相信明天就会发生革命，希望国家会让出主权。

为了实现这场伟大的"变革"，杜拉斯几乎将所有的时间都用在游行活动上。她气喘吁吁地在大街上奔跑，一点都不担心拥挤的人群会撞到她。她观察着正在发生的一切，也设想各种可能会出现的情况。

法国政府当然不会袖手旁观，当巴黎大学的学生在5月12日占领了学校之后，政府便强行关闭了各个大学。为了支持学生运动，全国工人总罢工开始，千百万工人加入运动中，到5月底，罢工浪潮席卷了整个法国，致使全国的交通中断，生产全部陷于停顿，整个法国的经济、生活都处于混乱无序的状态。

这个时候，杜拉斯和朋友莫里斯·布朗肖一起成立了大学生、作家行动委员会。委员会的结构非常完善，不仅设有秘书处，还包括下属的几个部门。在集会的第一天，来了六十多个身份不同的人群，包括学生、记者、电视专栏主持人、艺术家、作家、教师等，他们在杜拉斯的领导下，进行了激烈的讨论。

对于会议，年轻的学生表现出了极大的热情，但不久就厌烦了，在他们看来，委员会的人简直是有怪癖，竟然逐字地讨论革命文章。

杜拉斯依然充满激情，在提议遭到拒绝、文章遭到质疑、再次重写文章的程序中不断循环。她任由不懂事的学生们咒骂她，不承认她的思想，她只是做好该做的事情，始终积极投身到"革命"之中，仿佛在这种劳累中得到了重生一般。

她也写了许多口号，既包括刷在墙上的大段文字，也有用于宣传的口令：

"禁止本身才是被禁止的。"

"我们不知道自己会到哪一步，但这不是不前进的理由。"

事情最终会是怎样解决的？现实很快就给了杜拉斯一个打击。法国政府逐渐夺取了主动权，禁止了 6 月初的示威和集会活动，并解雇大批参加罢工的工人。戴高乐发表讲话，宣布解散议会，重新按照民众的意愿进行选举。他胜利了。

显而易见，法国的"五月风暴"和杜拉斯想象的性质是不同的。法国民众是因为社会经济结构引发的矛盾而发生动乱，甚至很多人都不知道他们为什么要去示威和游行。至于政党，那当然是为了政治需要，为了在国会中争取到更多的席位。但这些都不是杜拉斯所期望的，她的愿望是在这场风暴中实现马克思主义。

这场运动就这样结束了。对于满怀炽热激情的杜拉斯来说，太过短暂，结局也很失望。1968 年 9 月，杜拉斯在给她朋友的一封信中表达了她的苦恼："发生了一系列事件，我一直置身其中，从早到晚。五月不复再有，我处在焦虑和厌烦之中。"

一生只有一个态度

杜拉斯是一个坚定的共产党员，这一点从来都没有人能够否认。即使她早已被开除了党籍，她依然坚守着这个身份。而在经历众多政治活动之后，她始终认为唯一可能的道路永远是共产主义。她说："没有人生来就是一个革命者，但我希望自己是一个共产主义者。"

她曾经把希望寄托在"五月风暴"上，但风暴最后"平静"地结束了，这对她来说是一个重大打击，几乎整整一年的时间，她都不愿意从这场痛苦的结局中走出来。直到开始写作《毁灭吧，她说》，她绝望的心才渐渐安静下来，她将自己的政治观点融入进去，当书写完了，她似乎又恢复了活力，重新成为一个无产阶级的斗士。

与其他左派人士不同，杜拉斯并不赞成盲目地在工厂和农村建立政权，她希望成为一个自由的左派，维持思想的高度自由。

　　她奔走着，以自己的方式争取实现共产主义社会。在她出版的作品中，文字中总是会包含着她的政治主张，以及她对时局的看法。就像她在完成《毁灭吧，她说》后讲述的话："《毁灭》根本不能算是小说，它出自我的内心，是绝望的产物。"她把政治理想的幻灭和对"五月风暴"的失望情绪都写进了这本书中，让文字继续进行无声的控诉。

　　作为一个知名的作家，她不仅亲自写文章为无产阶级呐喊，还总是想方设法地推荐所有持有同样观念的年轻作家。

　　1969 年 1 月，她再次向一直合作的伽利玛出版社提出建议，她想要做一套政治丛书。这个想法曾经在两年前，她就向在伽利玛任职的罗贝尔提过，不过的罗贝尔既没有拒绝，也没有追问具体的细节。杜拉斯等得不耐烦了，她写信给出版的负责人克洛德·伽利玛：

　　　　我和你们谈过政治丛书的事情——属于对现状不满的那类，我最近才写的作品（《毁灭吧，她说》）可以放在第一卷。政治关系逼着我要快。我也没有四个到五个预先的计划，虽然你们说对于抛出一套政治丛书来说，这是起码的。所以我除了这部篇幅很短、而且我可能不会签上自己名字的作品，一无所有。这份对自由的强烈向往使我不能忍受别人的监管，只能由我本人来完成。我和别的出版社签约了，一切就绪。

　　就这样，政治丛书没有做成，杜拉斯也把具有浓厚政治色彩的作品《毁灭吧，她说》交给了其他出版社。也是从这本书开始，她通过作品解析政治的脚步就再也难以停止了。

1970 出版的《阿邦、萨芭娜和大卫》就是杜拉斯对政治的构建。在这本书中，阶级斗争和养狗掺和在一起，纳粹主义、无产阶级的字眼充斥在字里行间，但一切都不是战斗的，而是通过晦涩的逻辑话语，揭示了战斗主义的无能，以及一种无奈的彷徨。杜拉斯花费了很长时间写作这本书，但是当书完成之后，她甚至不愿意回头再看一遍。她说这是她最难理解、最为晦涩的一本书。是的，政治对她来说有点难以把握了。

尽管对政治失望，杜拉斯还是没有放弃她坚守的共产主义理念。到拍摄《印度之歌》这部影片时，她通过一个贵族夫人和一个女乞丐的人生对比，呼唤着阶级平等——电影中的两个女人最终都走向了死亡，但一个为了爱情投海自尽，一个因为饥饿而被活活饿死。

"我不会把胶片浪费在非政治的事情上。这就是说我不再满足于那种官方的电影，那是资本主义社会的表达……《印度之歌》恰恰昭示着资本主义社会的彻底完蛋。"

那没有阶级的社会何时才会到来呢？在杜拉斯的设想里，纯粹的欧洲无产阶级将会突然出现，年轻的革命者会掌握国家的最高领导权，一切都将是平等的、自由的。关于共产主义的理念，杜拉斯始终在谈论着，预言着，宣告着，她活在炽热的理想当中，尽管现实社会并没有朝她希望的方向发展。

时间在一天天流逝，她渐渐老了，不愿意出门，但她依然通过新闻关心着政治，在家里继续为无产阶级受到的压迫而呐喊。不过她的激情也发生了改变，对任何战斗性的主张都持有怀疑态度，也不知道阶级斗争的结果将会是什么。

她是对政治绝望了吗？还是为找不到实现共产主义的方式而伤心？

在她 1977 年制作的《卡车》电影中，她以爆发式的态度谈论了自己的政治观念。她在荧幕中的声音有些愤怒，但依然对无产阶级充满深厚的感情，然而，当被询问究竟要到哪里去时，她说哪里也不去，但愿世界走向迷失，这是唯一的答案。

或许迷失的只是杜拉斯自己，尽管她口口声声说着"我们无需再拍伸张社会主义的电影了"，但她在影片中表现的态度还是如同以前一样——对无产阶级和共产主义的信念是那样执着，只是因为她不知道怎样去实现，而在经历一次又一次的政治失败之后，她绝望地说出了放弃的话语：革命，阶级斗争，什么都没有了。

第十章

风起了，这是全部

一个酗酒者的爱与恨

一次又一次的政治绝望，给予杜拉斯致命的打击。尽管她始终保持着一种狂热的信仰，可她明白，在有生之年是很难等到共产主义实现了。

从希望，到失望，最后绝望。她开始逃避，不想和人们接触。她独自回到诺夫勒，孤独地生存着，在这里养着鸡、鸭、鸟等各种动物，就像她母亲曾经做的那样。她的生活完全失去了规律，没有任何的时空限制，酗酒，迷茫。

于是，这个远离酒精十几年的女人，她又开始没日没夜地喝，仿佛在酒精中才能找到自我，才能感受到一种解脱和活着的意义。

当然，杜拉斯并不是天生就喜欢喝酒的。只是因为年幼体弱，母亲为了让她变得强壮起来，便让她喝了一些啤酒。然而，这并没有改变她瘦弱的体质，反而让她喜欢上了这种有着不一样味道的液体。

在巴黎大学时，第一次离开家人羁绊的她像个叛逆的少女一样，时常喝酒，但那时她还没有对酒精产生疯狂痴迷的情感。她，真正成为一个酗酒者，是在走上政治道路后与朋友们聚会时培养起来的。谈论政治时，总是大口大口地喝酒，那时的她就已经变成了一个彻底的酒鬼了。

离不开酒精的她遇到了一个同样痴迷酒的男人——雅尔罗。于是，他们像找到了知己一般，夜以继日地腻在一起喝酒。这种相互陪伴的迷醉生活，以雅尔罗因为没有节制的酗酒和性爱而引发心肌梗塞死去结束。连续的、过量的酗酒让杜拉斯在一天早晨咯血了。医生诊断的结果是肝硬化，这时她才五十岁，她不想死，接受了治疗，然后不再触碰酒精。

然而，这一次，在安静了十多年的时间，她又开始了。她心甘情愿地成为了酒精的俘虏，觉得自己快乐极了，也非常享受这种迷醉的幸福。她又开始咯血，但她不再害怕，反而把酒精当成治疗咯血的良药，在喝酒与咯血中度过每一个白天与夜晚。

在杜拉斯幽居诺夫勒期间，米歇尔·波尔特与她的往来比较密切，两人自从合作《玛格丽特·杜拉斯的领地》后，就成为了相互信任的好友。米歇尔知道杜拉斯的情况，却劝阻不了，只能经常到诺夫勒探视。然而，她担心的事情还是发生了。有一天晚上，杜拉斯打电话给她，说自己想要说话，却找不到词。米歇尔觉得情况不妙，赶紧开车赶到了诺夫勒，只看见杜拉斯"走不动路，也不能呼吸"。最后，杜拉斯在医院治疗了五个星期。可回到诺夫勒的她还是没有中断这种自我毁灭。

"我在酒精里写作，我有这个本事，所以醉酒之类的事情不会发生。我从来不是为了酩酊大醉而喝的，我是为了逃避这个世界，让自己变得无可触碰。"

因为痛苦绝望，杜拉斯开始喝酒。但她也把自己毁了，她的灵感枯竭了，即使想要创作，也只是以一些八卦故事作为素材。

这一次她要写的是两个没有见面的男人和女人的故事，是她听来的一个真实经历加工而成的：一个男人和一个女人在电话里聊了几个月，每次都是女人主动打电话。她似乎在玩一个游戏，每次都提出和男人见面，但每次都没有赴约。男人被她吸引了，他在痴情地等着她。后来有一天，男人收到了女人寄来的照片，一个身材高挑的年轻女人站在公园里。女人很漂亮，但男人还是失望，觉得和自己想象的不一样，他退还这张照片，只愿活在想象里。后来，电话铃声又响起了，他重新沉浸在这种悸动之中……

故事被命名为《黑夜号轮船》，在刚形成大概蓝图时，杜拉斯就迫不及待地着手拍摄电影的前期工作。她想要以《卡车》的对话模式进行，但影片拍到中途时，她就想要放弃了。

她觉得这只是在说话，画面完全没有存在感，根本就称不上是电影。显而易见，这个故事不适合模仿她认为很成功的新电影形式。她在记事本里写道：失败的电影！

然而，她已经在这部影片中投入了大量资金，赞助商也在等她的结果，她只能硬着头皮将电影拍完。在剪辑时，杜拉斯将所有的画面拆得七零八乱，然后再重新组合，加入声音和背景音乐，影片总算有了点起死回生的味道。

电影后期工作还没有完工，杜拉斯又开始了与导演克洛德·雷吉合作，准备拍摄戏剧版本。但工作进展得并不顺利，因为此时的杜拉斯难以离开酒精，脾气暴躁的她非常富有攻击性，不听任何人的意见和劝说。此外，杜拉斯还不停地改变剧本的方向，导致拍摄工作时常中断。

雷吉不得不经常到诺夫勒，向杜拉斯索取修改后的剧本，但是被酒精淹没的杜拉斯什么也无法提供，"只有文本分散的碎片"。雷吉无奈，只能根据这些并不完成的故事碎片摸索着拍摄。至于演员，则被反复修改的台词弄得非常混乱，根本不知道自己该如何表演。

外界的一切都好像是一团乱麻，但杜拉斯似乎没有意识到严重性，她把戏剧首演和电影首映放在了同一天，目的是让人们从不同的角度去感受《黑夜号轮船》。

然而，观众在看完第一遍时，便再也不想看另外一个版本了。电影失败了，戏剧更是败得一塌糊涂。评论界的人进行了一致声讨，认为杜拉斯的夸张和自我重复简直到了令人恶心的程度，无论是戏剧，还是电影，都单调得可怕，根本不值得观看。不过，迷失自我的杜拉斯却不接受批评，她认为自己的风格完全没有问题，是导演和演员没有表达出她的意思。

观众觉得被欺骗了，认为杜拉斯在把他们引诱到自己的文学世界中，然后又抛弃了他们。在他们心里，都觉得杜拉斯的水平不应该是这样的，"对于我这样的观众来说，什么都没有剩下，只有零度空间"。然而，尽管杜拉斯这次交出的东西并不让人满意，但他们还没有完全失望，一些人提议道："我们可以把她以前的书再重新读一遍，它们的确很美。"

杜拉斯当然是具有实力的，也是被人们欢迎的，只是，这个迷失在酒精中的人，什么时候才能找回自我？

以写作重新找回自己

杜拉斯觉得很累，每天只想懒洋洋地躺着，什么也不做。但是，她又不得不强迫自己写作，因为一旦闲着，她每时每刻都想喝酒，用酒精麻醉自己。可是，要写什么呢？她已经拍了很长时间的电影、写了许多的剧本，她不知道自己还能不能回到过去的创作中去。

这一段艰难的时光和无奈的自我放逐，始终没有打倒杜拉斯，她尝试着在混乱中回到正常的世界。最明显的表现就是与酒精作斗争，为了戒酒，她再次投入到与文字的肉搏战中。独自思索的时候，杜拉斯的脑海中幻想出了一个对话者，她想要与他谈话，将自己心中的想法和想到的故事都告诉他。于是，她开始写作一篇又一篇书信，尽管这些信从来都没有寄出去，但是在此基础上，一部书信体的小说诞生了，即《奥蕾里娅·斯坦纳》。

奥蕾里娅，这是一个女人的名字，但又不确定是哪一个女人。她当然可能是想要讲故事的杜拉斯，也可能是死在毒气室中的犹太女人，或者是在集中营里降生的女孩。

没错，杜拉斯通过这本小说又回到了纳粹对犹太民族的残忍压迫中。她是在写曾经发生的真实故事，并且向两位伟大的"奥蕾里娅"致敬。

第一个奥蕾里娅是一个犹太人，当她在家中听到警察上楼的声音后，便让孩子下楼去找邻居玩。孩子听话地离开了，但是这位母亲却被警察带走了，再也没能从集中营中回来。

第二个奥蕾里娅是一个被关在集中营的母亲，她怀孕了，在艰难的环境中努力保护自己的孩子，最后在生下一个漂亮的小女孩后，慢慢地倒在血泊中。

　　尽管杜拉斯不是这些罪恶和苦难的制造者，但是她的字里行间都充满着内疚，她觉得这种泯灭人性的杀害不应该发生。许多人都觉得这有些夸张，认为杜拉斯把自己看成了一个救世主，然而，不可否认，这的确是杜拉斯的切身体会，她是二战的受害者。

　　当有人询问为什么要创作《奥蕾里娅》时，杜拉斯说："我失去了一个孩子，一个兄弟，我在抵抗运动中失去了很多朋友，他们都死在集中营，但是比较起犹太人的总体命运，我个人的这些失去根本算不上什么。当我谈起这个问题的时候，我一直处在这样的激动之中，这也正是我在《奥蕾里娅》中想表现的。"

　　这当然是一种思想上的高度升华，实际上，杜拉斯在写这些书信的时候，思想一直处在混乱中，她什么都不愿意想，只知道自己在尝试着回到纯粹的写作道路上。因为她对爱情、政治和写作都存在深深的质疑，以至于很长时间都无法开始一个故事。

　　在6个月的时间里，杜拉斯滴酒未沾，把全身心都投入到创作《奥蕾里娅》中去。小说写完后，杜拉斯终于找回了自己。她又愿意与世界接触了，主动走到田野里散步，开车闲逛，也邀请朋友们到家中做客，承担招待儿子朋友的任务，甚至接受了年轻大学生的采访。她在这些琐事中欢快起来，又成为了一个健康的充满活力的杜拉斯。

从酒精中解脱出来，杜拉斯马上有了新的写作计划。她接受杂志主编塞尔日·达内的邀请，为《电影日志》制作了一期特刊。这并不容易，因为达内想要的不是一期简单的电影评论，也不是照片堆砌而成的图像集，他想要的是关于杜拉斯的自传，充满文学、电影、政治和个人生活的元素。杜拉斯欣然接受了，借助这个机会，她回到了童年，也回到了母亲与哥哥的纠缠之中，然而，她却没有给读者提供一个完整的故事，而是将所有的文字和线索拆开后重新组装，乐此不疲地让读者玩着追索的游戏。

特刊最后成功定稿，是由图像、文本、对话、私人信件共同组成，杜拉斯为它起了一个好听的名字，叫做《绿眼睛》。不久，《电影日志》也将这些文字重新整理、编辑，出版成书。在这本书中，杜拉斯淡淡的乡愁蕴藏在字里行间，而她作为一个电影家想要引导电影界变革的野心也昭然若揭。显而易见，这是杜拉斯的自我描述，既残酷，也诙谐幽默。

在特刊完成之后，塞尔日·于利也邀请杜拉斯为《解放报》写专栏。为了向杜拉斯约稿，这个负责任的主编经常前往杜拉斯停留的城市特鲁维尔，到她居住的黑岩旅馆拜访。

然而，于利想要的不是那些常规的稿件，不是政治评论，不是文学报告，也不是任何确定题材的文章，他想要的仅仅是属于杜拉斯自己的文字：她想写什么就写什么，但一定是她自己的看法。无疑，于利期望的不是表面意义上的新闻写作，而是一种潜在的现实性写作，他希望杜拉斯的名字和她的观点能够出现在自己的报纸上。

杜拉斯对这个想法很感兴趣，她觉得自己可以通过这一次的非常规写作，重新回到自由、流畅的文体。她同意了于利的邀请，专栏为期三个月，每周一篇。

于是，三个月的专栏开始了。杜拉斯什么都写，关于天气、旅客、太阳浴、工地、女教练、三明治的价格、鲨鱼、瘦弱的男孩，以及伊朗和阿富汗的战争等。

这些没有主题的谈论，让不同的读者得到了不同的收获。不过，对杜拉斯来说，她仿佛什么都写，又仿佛什么都没写的创作却收获到了实实在在的快乐，对周围的人更加感兴趣，每时每刻都想睁着眼睛看这个世界。

这样的杜拉斯看起来年轻多了，她总是将自己的活动安排得很满，与年轻人谈话，和他们一起跳舞、大笑或是听音乐，享受着被人包围的满足。她的朋友们也终于放下心来，因为充满活力和自信的杜拉斯又回来了。

80 年夏，他成了最后的情人

杜拉斯在《解放报》上发表的专栏文章，最后被结集出版，书名就以发表的年份来命名，叫做《80 年夏》。这是杜拉斯的夏季随感，也是她逐渐找回自己的过程。然而，1980 年发生的事情远不止这些，这一年，杜拉斯的生命里出现了一个叫扬的男人。

扬是杜拉斯的忠实粉丝，很早就开始读她的作品，不过两人第一次出现交集是在 1975 年，那时杜拉斯到戛纳"吕克斯"影院参加一场讨论会，扬坐在第一排，在讨论会结束后拿出《毁灭吧，她说》让杜拉斯签名，并说自己想写信给她。

作为一个知名的作家，杜拉斯当然不是第一次遇到这样的情况，她有很多崇拜者，他们经常会询问她的地址，要拜访她或写信给她，于是她也把扬当成了同他们一样的狂热读者，最后，她提供了自己在巴黎圣伯努瓦街的地址，告诉扬："您可以照这个地址给我写信。"

故事就这样开始了，或许当时一心沉浸在政治中的杜拉斯还没有察觉到命运之轮的转动，但是扬在那时就已经来到了她的身边。

他时常给杜拉斯写信，谈论自己对其作品的看法，有时候是长篇大论，有时候只是摘抄书中的几句话，不过这样的通信一直没有中断。杜拉斯当然注意到这个年轻人的来信，她觉得年轻人的文笔很优美，也慢慢产生了一种期待的情绪。但是，她从来都不回复，就像她对其他读者那样——她珍视这些来信，小心翼翼地保存，也时常拿出来看一看，但不回信。

不过，扬还在写信，五年的时间始终没有熄灭他从对杜拉斯的狂热崇拜。而杜拉斯也从一个年轻的导演朋友那里了解了扬的信息，知道他喜欢哲学，喜欢在周六晚上伴着《印度之歌》的曲子跳舞，喜欢喝《塔吉尼亚的小马》中提到的康帕里酒，不过她依然没有任何回应，哪怕是只言片语。

几个月后，里昂的一个大学生电影俱乐部邀请杜拉斯去参加一场讨论会，她同意了。

杜拉斯在去里昂时有没有忘记了扬？还是说她是怀着能够见到扬的心思才去的？没有人知道答案，但这次的里昂之旅也让信中的扬真正地站到了杜拉斯的面前。

讨论会结束后，杜拉斯和一伙大学生到小酒馆喝酒，直到凌晨两点钟聚会才散场。当杜拉斯准备离开时，扬来到了她的身边。"是我。"他的自我介绍非常简洁，随后就和杜拉斯谈起了她书中的人物，最后，扬告诉杜拉斯小心开车，看着她在夜色里消失。

里昂之旅似乎触动了杜拉斯的神经，她回到诺夫勒后又开始酗酒，结果因此而发病，医生给她开了一些药，她暂时得到缓解，接着便决定给扬写信。然而，信还没有写完，她便因为疼痛和昏厥而不得不住院治疗。这一次，她在医院中待了两个月，不过写信给扬也成了一种牵挂，她迫不及待地想要和他诉说自己的遭遇。所以，等到康复后，她便马上将未完的信发出去了。只是这一次，没有回信的是扬。

杜拉斯失望了，她觉得自己像个老旧的破布娃娃，再也引不起男人的任何欲望。而那个曾经给她写了五年信的年轻小伙子，也已经把她彻底忘了。然而，就在杜拉斯不抱任何希望的时候，扬给她打电话了。

那是在九月份，扬说要去看望杜拉斯。

"为什么？"

"为了相识。"

杜拉斯拒绝了，她不想再体验满怀期待、最终却只有失望的情绪，她宁愿一直活在孤独之中。于是，她告诉扬，她有工作，没时间也不想结识新朋友。但扬没有因为这次拒绝就放弃，此后每天都要给杜拉斯打电话。

然而，扬大部分时间听到的都是电话忙音，因为杜拉斯经常不在家。她确实很忙，行程安排得很满，时常会参加一些电影节、讨论会或者代表国家出席文化活动等。不过在一次活动结束回到法国后，杜拉斯同意与扬见面了。

公寓的大门打开，他们自然地拥抱、交谈，直到深夜还是意犹未尽。他们谈论杜拉斯书中的一切人物，也谈论彼此的生活。扬称赞杜拉斯是一个令人敬佩的天才，自己愿意为她做任何事情，当然，这个爱笑的男人也坦白地承认，他想像杜拉斯一样成为一个作家。不过，杜拉斯却明确表示，她什么也不能为他做，她只是对扬说，他的信写得很美，让他继续写下去。她还教扬如何在黑夜中欣赏大海的雄壮，以及聆听海浪的声音。

于是，扬在公寓中住了下来，杜拉斯把自己的身体给了扬，这一年杜拉斯66岁，扬27岁。

杜拉斯和扬度过了一段欢快、疯狂、没有禁忌的时光。扬完全被杜拉斯的魅力俘获，他成为了杜拉斯的情人、知心朋友、司机、倾诉者、保姆以及出气筒。扬常常默不作声地陪伴着她，忍受她的坏脾气，甚至是被殴打和责骂。而突然出现的扬成为了杜拉斯生命中不可缺少的陪伴，她似乎从扬身上找到了写作的灵感、欲望和动力。

然而，几天后扬突然消失了。杜拉斯一直在等他的电话，或者是信件，但是她什么都没有等到。她失望、焦躁，甚至打电话给朋友们，说自己把扬弄丢了，让他们帮她将扬找回来。

扬最终自己回来了。他阅读过杜拉斯的全部作品，当然知道这是一个多么疯狂的女人，他已经得到了她的爱，也想过永远不再回来，但在消失几天后，他还是主动回到了杜拉斯的身边，心甘情愿地照顾她，陪伴她。

杜拉斯高兴极了，每天都和扬腻在一起，聊天或是写作。这年的10月份，她开始着手创作《阿加莎》。这是她在从事了多年的电影生涯后，重新开始写的第一部长篇小说。杜拉斯这一次要展现的小说内容是兄妹之间的禁忌之恋，是没有任何掩饰、也没有任何暗喻的不伦之恋：一对兄妹相爱了，但妹妹要嫁给另一个男人，他们约定最后再见一面，结果哥哥强迫妹妹不许爱上她即将要嫁的男人，并威胁说要杀了她……

那么，对于擅长以自身经历为题材的杜拉斯来说，这里面有她的影子吗？答案是毋庸置疑的，这是一本取材于她和她的小哥哥保罗的禁忌小说，只不过经过她的加工而变化了具体的情节。对于这一点，杜拉斯自己毫无保留地承认道："如果没有我和小哥哥之间的故事，我永远也不会写《阿加莎》。"

小说完稿后，杜拉斯开始着手拍摄电影，影片就叫做《阿加莎或无限的阅读》。有意思的是，杜拉斯让扬扮演了哥哥的角色，而她本人则亲自为影片中的妹妹配音，最终，她和扬、小哥哥保罗一起构建了这个涉及禁忌的故事。

影片在 1981 年 4 月份拍摄完成，对杜拉斯来说，她已经不再期待通过独特的艺术手法来改变电影界的规矩了，她此时拍电影只是为了打发时间，也为了给她的新情人扬找点事做。她喜欢指挥扬，让这个年轻的男人完全按照自己的想法做事，无论是在生活，还是在工作上。扬很听话，几乎没有违背杜拉斯的时候。

在外人眼中，他们成了一对传奇的情侣，不顾世俗的年龄之差，也不顾身份地位的悬殊，爱得无所顾忌。不过，被许多女人嫉妒的杜拉斯，还是处在痛苦之中，因为扬是一个同性恋，扬并不喜欢她的身体，对她也没有欲望。

扬会在她写作的时候悄悄离开，也会在夜里突然消失不见，而杜拉斯只能等着，等到凌晨，或者等上一整夜。她始终相信扬离不开自己，不管消失多久，总是会回来的。

　　显然，两个人在玩着躲藏与俘虏的游戏，杜拉斯一直都是赢家，扬离开的时间总在她能够忍受的范围之内。然而，到了5月份，扬彻底消失了，很长时间都没有出现。杜拉斯又像疯了一样打电话给所有的朋友，甚至报警，让他们把扬找回来。

　　这一次，扬没有如期出现，他似是铁了心要离开，没有电话，也没有写信。

　　杜拉斯非常伤心，躲在黑暗中回忆他们在一起的幸福生活，也一遍遍地呼唤扬的名字，甚至指责扬的离开是一种错误："让我们仍然在一起，这个房间是属于你的，我不能忍受我们的分离，我觉得这会是个错误。即使没有欲望，我们的分离也是一种不幸。"

　　她太自信和武断了，在长时间被一些狂热崇拜者的包围下，以为能征服所有人，能够赢得一个不爱女人的男人。但她以文学才华将扬吸引到身边的后果是什么？在经历多年的孤独之后，她被这个突然闯入生命中的男子深深吸引了，她离不开这个总是安静微笑的男人。

　　然而，扬始终没有消息。杜拉斯绝望，伤心，却依然固执地等着扬回来。

　　在这种无尽的等待中，她什么也不想做，唯一的冲动便是将她和扬的故事写下来，让两个人的爱情至少在文字中成为永恒。

新的写作又开始了，杜拉斯一边像疯子一样等着电话，一边不停地写着。酒精成了必不可少的调剂品，让她迷醉、忘记扬离去的悲伤，也让她产生无限的精力。只是，她的身体在大量酒精的刺激下更加破碎了，一个 67 岁的老人，很难再承受这样的放纵了。

杜拉斯却不管这些，她以自杀的方式疯狂饮酒，疯狂写作，仅用了不到半年的时间就将她和扬的故事写完了。她给小说取名为《大西洋人》，并在 1982 年 1 月顺利出版。书的内容非常感人，将失去、绝望、得不到的悲伤情绪刻画得催人泪下。或许，这便是有感而发，是一个失恋的女人对爱人最深沉的呼唤和思念。

毫无疑问，杜拉斯写这本小说是为了留住扬，但是扬始终没有回来，他似乎厌烦了杜拉斯的神经质，厌烦了杜拉斯总是在大庭广众之下对他的羞辱和大喊大叫，所以，他逃了。

扬去了哪里？他还会回来吗？

此时的杜拉斯，已经没有自信说出肯定的答案了，尽管她还在等待。

死亡疾病和外面的世界

在杜拉斯身上，苍老、酒精和病态的印记越来越明显了，她的手无时无刻不在颤抖，一个人甚至根本无法走路。事实上，自从扬离开后，她已经很少出门了，以前都是靠在扬的身上行走，如今只剩下她一个人的时候，她哪里也不想去，哪里都去不成。

无聊的时候，她就写作，仿佛只有通过文字才能感觉到自己是活着的。就在这时，意大利广播电视台向她订购短片《罗马对话》。根据要求，短片的主题是关于战争与世界末日的思索，但表现的方式不能太过严肃，而应是诗意的。

这当然难不倒杜拉斯，她决定拍摄一对准备分手的恋人之间的对话，再将严肃的话题通过男人和女人的交谈表现出来。短片很快就拍好了，除却隐藏在其中的战争，这个故事成了一桩爱情悲剧，充满争执、绝望和悲伤，像极了扬在离开前与她谈话的场景。

《罗马对话》没有引起强烈反响，观众认为它太过冗长和无聊，在拍摄手法上还模仿了《广岛之恋》。不过杜拉斯没有将这些评价放在心上，扬离开了，她做什么都没有心思。

她觉得自己根本算不上是一个人，只是行尸走肉而已，除了在文字中还能得到一点安慰。于是，她又回到了诺夫勒的城堡中，将自己关在房间中埋首写作。这一次，她没有再写爱情，而是着手创作一个关于亲情救赎的故事，即《萨瓦纳海湾》。

很快，她就将故事的大纲构思出来了：外祖母曾经是一个著名的戏剧演员，但自从她的女儿自杀后，她便封闭内心，将自己关在离女儿自杀地不远的房间中，不与世界接触。后来，小外孙女长大了，她前来拜访这个从来没有见过的外祖母，请求她讲述关于母亲的事情。外祖母没有认出外孙女，不过在回忆往事的过程中，她渐渐地被外孙女感染了，从疯狂和迷醉中清醒过来……

当杜拉斯开始写作的时候，扬回来了。

然而，一切都太晚了，扬见到杜拉斯时几乎认不出来，曾经充满活力的杜拉斯已经消失，站在他眼前的只是一个脸庞浮肿的老女人。扬请求杜拉斯去医院，但被拒绝了，无奈之下他只能和米歇尔·芒索一起找来医生让·达尼埃尔·兰诺尔。

兰诺尔是个聪明的犹太医生，他似乎洞悉了一切，在见到杜拉斯时并没有询问病情，也没有让她戒酒，他只是像朋友一样和她闲聊。几天之后，当他觉得杜拉斯的情绪稳定了，才对她说，是否进行戒酒治疗可以由她自己决定。不过，他在离开前也自信地告诉扬："除非她想死，否则她会到医院了解情况的。"

果然，没过多久，杜拉斯就开始减少饮酒量。但她依然没有力气写字，只能通过口述的方式让扬打字，直到完稿。在将书稿送子夜出版社后不久，负责人就决定出版《萨瓦纳海湾》。

好消息尽管为杜拉斯带来了活力，但她的情况还是不妙。她的腿已经全部浮肿了，甚至花园也不能独自去了。她每天都躺着，时常陷入昏睡中，不换衣服，不洗澡，也不洗头发，像个邋遢的流浪汉一样。她也不再进食，即使是清淡的蔬菜汤都难以下咽，不过葡萄酒还是必不可少的。

朋友们都以为要失去杜拉斯了，她自己似乎也意识到了，除了兰诺尔医生，她不见任何人，不过依然坚持要写作。她想将自己现在的状况都写出来，关于疾病，也关于性爱。

扬无法拒绝杜拉斯的要求，只能一边听着她的口述，一边打字。他打字的速度一向很快，但此时不用费心就能够跟上杜拉斯了。她真的老了，即使是说话也没有力气，声音气若游丝，常常像是低声的呢喃。她的记忆力也在下降，有时甚至只是刚说出一个形容词，转瞬就已经忘记。不过，扬都听到了，尽职地将她口中说出的一切句子都记录下来。

再也没有别的事情来打扰他们了，两人的生活只余下跳动的文字。

杜拉斯时常在沉默几个小时后，突然喊着扬的名字。扬马上会意，立即做到打字机前。两人的配合天衣无缝，但扬时常陷入悲伤之中，每天都想哭。不过，杜拉斯却觉得自己没有什么好失去的，她对扬说："我已经到了可以死的年龄，为什么还要延长生命呢？"

时间飞逝，打印出来的稿件渐渐变厚了。当写到二十多页时，杜拉斯将作品的名字从最初的《一种天芥菜和枸橼树的味道》改成了《死亡的疾病》。然后，她停止口述，同意扬送她到医院。在被放到车上时，她终于哭了。

杜拉斯的心情看起来不错，不过住到医院后，她就像个顽皮的孩子，拒绝配合。她大喊大叫，嚷着要喝酒，抱怨病房的价格太贵，饮食也不合胃口，甚至说护士都是笨手笨脚的。然而，她的花招并不管用，治疗方法很快就确定下来了。

治疗过程很痛苦，杜拉斯很快就拒绝了，说她宁愿死。然而，医生的态度也很明确，虽然不能保证杜拉斯在疗程结束后康复，但是如果她现在不治疗，那她肯定会死的。

或许是感受到死神的接近，杜拉斯不想死，还有作品没有完成，更不想离开扬，最终还是同意治疗了。当治疗进行到第三天，她就出现幻觉，对外面的世界有了新的"认识"：她看见了窗外的水牛和矿泉水中的游鱼，看见扬和护士一起在晚上去了波士顿，也看见在交趾支那的土地上奔跑的小女孩，以及悲伤的母亲和瘦弱的中国情人。

显而易见，她看见的世界都不是真的，充满了她的臆想和对过去的回忆。

她时常大喊大叫，也越来越狂躁。三个星期后，杜拉斯的疗程结束，她得到了重生。在坐车回圣伯努瓦街的路上，她做的第一件事情就是让扬把《死亡的疾病》的稿件给她。怀着激动的心情，她继续开始未完的作品，但她的妄想症还是没有消失，她看到许多别人看不见的东西，包括魔鬼、神兽、藏在取暖器后面的死狗、脸色发白的男人等。在一天清晨，扬甚至发现杜拉斯穿着睡衣，拿着雨伞，在客厅里叫嚣着叫杀死房间中的所有动物。

扬很担心，又叫来医生，但医生也找不出杜拉斯不断出现幻觉的原因。

杜拉斯的旧情人迪奥尼斯也来了，他还像以前一样不客气，直接对杜拉斯说："你得了妄想症。"杜拉斯摇头否认。

最后还是时间带来了希望，在没有服用任何药物的情况下，杜拉斯自己逐渐恢复了理智，也能够正常走路了。扬带着她去巴尔扎克的故居，也陪她一起到塞纳河的岸边散步。她终于有精力修改《死亡的疾病》，将这本充满浓厚性爱色彩的"死亡日记"完成。

书出版后，扬经常拿着书本大声读给杜拉斯听。其实他们都已经对书中的内容很熟悉了了，这是关于他们的故事，一个同性恋男人和一个女人的爱情，尽管杜拉斯将女主人公描述成了一个卖身的妓女。

"这是一部很美的作品。"杜拉斯自己夸赞道。

杜拉斯没有被疾病带向死亡，她又充满了自信。正如她的朋友米歇尔·芒索说的那样："她身体确实好转了，说话越来越像杜拉斯。"

爱你备受摧残的容颜

扬与杜拉斯，这一对相互依存的恋人，再也离不开对方。

尽管杜拉斯会神经质地对着扬大喊大叫，但也会在扬消失时疯狂地寻找。他们的相处模式交织着分离、等待和回归，不过他们甘之如饴。

两人中，杜拉斯一直都拥有主动权，特别是从死亡边缘回来后，她更加肯定扬不会离开自己，所以她任性地欺负着扬。对此，扬承认自己再也难以离开杜拉斯："我无法再离开她。这就像一种毒品。我是她的主要目标，她所关心的唯一目标。谁也没有像她这样爱过我。她没有杀死我，因为她靠这股热情写作。我，扬，我不再是我，但她以强大的为力使我得以存在。"

有了扬的陪伴，杜拉斯变得非常开心，身体上的病痛也在减轻。她开始了新的写作计划，儿子乌塔建议她做一本家庭影集，再配上对照片的文字说明。杜拉斯听了之后很感兴趣，于是，她翻箱倒柜地寻找相片，最后成功找到了几张在交趾支那时期的少女照片，也发现了一本她以为永远丢失的手稿。

她饶有兴趣地翻了起来，记忆也被带回到她成长的热带城市，包括嘉定、西贡、河内和永隆。她似是看见了穿着真丝连衣裙的少女和轮船上的中国男子，也听见了他们的谈话声。他们那样的真实，在她的脑海里不断盘旋。

杜拉斯的创作冲动再次被激发出来了，她不顾一切地将这些故事写下来，让自己淹没在其中。她清楚地知道，这些故事是属于她的："它在我之前就已经存在，在一切之前，它一直留到现在,我是在后来才明白是另一回事,明白它是属于我的,它为我而存在。"

作品在慢慢成型,和杜拉斯最初预想的家庭影集很不相同,尽管此时它还是叫做《绝对相簿》。于是,杜拉斯将原先的计划抛弃在一边,按照她想要的方式继续下去。

随着文字越写越多,杜拉斯也开始阐述河内的房子、母亲和哥哥的故事、太平洋边的堤坝和罪恶的殖民政策,这是她熟悉的内容。这似乎是另一部《抵挡太平洋的堤坝》,然而,因为中国情人的出现,故事的方向变了。

杜拉斯在写自己,也在清算过去的爱情。

正如后来她面对采访时解释的那样,写作这部作品的深层次原因是她想要拥有一本属于自己的书。是的,当杜拉斯垂垂老矣的时候,她才敢承认她喜欢那个中国情人。

写作还在继续,熟悉的剧情随手拈来,文字也像溪水一样流淌不停。杜拉斯仅用了三个月的时间就完成了作品。当然,负责打字工作的是扬,他在打完文章后对杜拉斯说,这更像是一部小说,不过杜拉斯还是想要配上家庭相片。

子夜出版社的伊莱娜·兰登在连夜看完稿件后,立即给扬和杜拉斯打了电话,说她对这本书非常感兴趣。后来,她的父亲热罗姆·兰登——子夜出版社的负责人,亲自去拜访了杜拉斯,对她说这是一本真正的书,而不是图片的说明文字。谈话结束后，杜拉斯决定听从兰登的建议，将书交给他。

当夏天来临时，作品顺利出版了，名字叫《情人》。

书的首印是两万五千册，在第二天便被抢完。但这还没完，当杜拉斯参加了《省音符》的访谈节目后，书店更是出现了抢购浪潮，而子夜出版社的发行部一天就收到了一万册的订单，于是他们只能不停地加印。

杜拉斯不再是一个低销量的作家了，她成了出版史上的一道奇迹。

根据书店老板的回忆，他们甚至不得不采取限购的方针，因为有的读者一次购买许多册，这造成了书店的供不应求和其他消费者的不满。而在国外的情况也是如此，世界各地都在争夺这本书的翻译版权。

除了抢购热潮，《情人》还引起了一系列的连锁反应。很多人给杜拉斯写信，像朋友一样描述他们的生活。不仅如此，读者也模仿杜拉斯的说话风格——带有停顿的沉默。

他们记住了《情人》中的经典语句："我认识你，永远记得你。那时候，你还很年轻，人人都说你美，现在，我是特来告诉你，对我来说，我觉得现在你比年轻的时候更美，那时你是年轻女人，但与你那时的面貌相比，我更爱你现在备受摧残的面容。"

是的，杜拉斯的容颜已备受摧残，直到这时她才真正从自己的作品中得到了回报。她一直都希望被承认，现在她拿到了属于自己的荣誉，从读者那里获得了最热烈的反馈。

新闻界的反应也非常激烈。在《情人》出版的第二天，评论家们纷纷表达了自己的赞赏之情。比如德尼斯·罗什就在《晨报》上用一整页的篇幅分析了小说的结构，她赞扬杜拉斯的写作是"一曲爱情的赞歌，美，绝望，纯真，是绝对的文学"。贝尔特朗·布瓦罗·戴尔佩齐则写了一篇叫《不听我们说的那些人可得注意了》的文章，称赞这个故事给他一种出海的体验，并认为杜拉斯"有一种大家风范的慷慨"。

杜拉斯却不领情，她可不喜欢评论家的反复无常。

无论怎样，《情人》成功了，从9月份开始，人们就在盛传杜拉斯会因此而获得龚古尔奖——法国久负盛名的文学大奖。杜拉斯当然有这个实力，事实上，她在1950年出版的《抵挡太平洋的堤坝》就是一本非常好的小说，但是那时的龚古尔奖并没有颁给她。

所以，当这个迟来的奖降临到她的身上时，她的反应已经变得很平淡了。她没有举办庆祝会，也没有召开记者会，她只是和扬静静地待在一起。

杜拉斯显然未被突如其来的荣誉淹没，她还是自己，沉浸在与扬的爱情中，也沉浸在文字里。她继续马不停蹄地工作，翻拍了之前的戏剧《音乐》，改编了契诃夫的《海鸥》，并拍摄了电影《孩子们》。当然，她最大的精力还是在写作上，也在回忆中。

从《情人》之后，她的创作便不断地回到过去的生活。这一次，她想写的是前夫罗贝尔被关在集中营和他回来后的生活，她要用这段经历去连接讲述少女时代的《情人》。

杜拉斯再次从柜子中找到了一个记事簿，关于罗贝尔被抓走之后的真实记录。她以还原真相的名义，开始着手创造一部新的作品，她称之为《痛苦》。这部新作品几乎耗尽了她的全部精力，她回忆过去，分析抵抗运动的背景，也讲述每一个涉及罗贝尔被抓一事中的人物。她直言不讳地指责亨利·弗雷奈没有对集中营中的犯人进行有效的保护，任由他们被枪毙。结果，当《痛苦》出版后，弗雷奈激动地写信给杜拉斯，认为这是她的幻觉，并要求她在书籍再版时删掉这句话。

不仅是弗雷奈，其他朋友也被这本书震惊了，他们没有想到杜拉斯竟然真的把一切都暴露出来了。迪奥尼斯是集中营事件的见证人之一，他承认道："《痛苦》里所讲述的很多事情都是真的，另一些则夸张了。"当然，他对这本书的出版也持严厉的批评态度，认为杜拉斯把罗贝尔的隐私曝光殆尽，丝毫不留情面。

至于当事人罗贝尔，如果他这时不是躺在病床上不能动，一定会当面质问杜拉斯，毕竟，杜拉斯在 1976 年以这段经历匿名写的文章《没有死在集中营》，是导致两人友谊出现裂痕的导火线。而尽管十年过去了，他的态度不会改变。

杜拉斯被孤立了，在出版《痛苦》这本书上，没有朋友站在她这一边，除了扬。

然而，扬也没有逃脱被杜拉斯摆上舞台的命运。继之前《死亡的疾病》后，她再次将自己与扬的故事写进了作品，那是他们共同度过的一个时期，一个同性恋男人和一个女作家之间的恋情。这个男人在感情上爱着女作家，但他不喜欢女人的身体，不和她发生关系，甚至讨厌她碰到自己。于是，男人和女作家只能分别出去寻找片刻的欢愉，但最后，他们都会回去。对于女作家来说，她的愿望是赢得这个同性恋男人的心，她胜利了，即使男人在身体上没有妥协，但他永远也离不开她，直到她死去。

书写好了，名字叫做《蓝眼睛黑头发》，但对于这样一部充满禁忌的小说，杜拉斯在犹豫是否要出版。因为扬的态度很激烈，在为《蓝眼睛黑头发》打字时，他经常叫唤不停，咒骂自己，也指责杜拉斯："您成天写个不停干什么？您是被自己抛弃的……您是诺曼底海岸的妓女，一个蠢货，您真令人尴尬。"

扬说的没错，杜拉斯简直到了暴露狂的地步，她什么都写，包括她的欲望，扬的性。不过，她却不觉得难为情，甚至有些洋洋得意，她终于将扬固定在白纸黑字的世界之中。

《蓝眼睛黑头发》最终还是出版了，受到了读者的普遍欢迎，人们认为"这简直是奇迹，《情人》之后的杜拉斯竟然还能写出更美、更纯净的作品"。

杜拉斯当然有这个能力，她还在不停地写着，将丰富的经历、让人惊叹的欲望、备受摧残的容颜，以及爱她胜过一切的情人，都以文字的方式呈现在世人面前，毫无保留。

我不知道把自己放在哪里

她的身体越来越差，肺气肿病很严重，这导致她缺氧、没有力气，以至于哪里也不能去，甚至下楼都很困难。她觉得生命快到尽头了，但她一直没有放弃，努力与死神抗争着。

1986 年 2 月 14 日，杜拉斯在本子上写道："有一天我也许老得写不动了。这在我看来几乎是不可能的，不现实的，是荒谬的。"就在这一年的 10 月份，她因为呼吸困难而不得不住院做手术。手术后，她很长时间都处于昏迷中，始终未能苏醒，心跳曲线甚至出现停止的迹象。医生叫来了她的儿子乌塔，让他决定是否拿下杜拉斯脸上的氧气罩。乌塔坚决不同意，他觉得母亲肯定会好起来。第二天，杜拉斯果然恢复了正常。

对于这种反常现象，医生表示很费解。杜拉斯后来则诗意地解释道："生命就是这样乱七八糟的，根本无法理解，没有人能理解。"在她看来，医学已经不愿意延长她的生命了，她之所以还没有死，是因为她还想继续从事钟爱的写作。为了这种信念，她表现出了坚强的生命力，以至于在昏迷半年多的时间后，依然能够再度清醒过来。

她消瘦了许多，喉咙因为进行气管切开手术发不出声音了，但扬懂她的意思，只要她稍微示意，扬便能立即拿来她想要的任何东西。这个时候，扬不再逃离了，他时刻待在杜拉斯身边，陪着她，说话给她听。等到杜拉斯的身体稍微好些的时候，扬也开车带杜拉斯出去兜风。不过，杜拉斯最想做的还是写作，她很快就让扬找来了纸和笔，要重新开始之前就已经进行的《夏雨》。

这部作品是电影《孩子们》的续集，主人公是失业者的儿子，他从来没有念过书，却知道关于这个世界的一切，也知道上帝并不存在，甚至将他看见的事物都进行了哲学化。他什么都谈，谈论上帝，也谈论乱伦、强奸等。

很明显，杜拉斯是在克隆自己，将心中对世界、死亡、疾病、欲望等的看法全部说了出来。她仿佛有着源源不断的动力，回到了最初写文时的疯狂状态，仅仅几个月，她便将作品完成了。《夏雨》的篇幅只有 25 页，但是通过这本书，杜拉斯再次逃离了死神，是写作的激情让她始终有继续活下去的欲望。

她的身体逐渐好转了，又恢复了在夜里外出的习惯。扬开着车带她到巴黎郊区，沿着一条道路一直开下去，凌晨方归。然而，杜拉斯不再去看画展，也不去博物馆，甚至是朋友也不见了。这个时候能够见到她的，除了扬和儿子乌塔，只有她的一个女性朋友。

但她还是很喜欢谈论，不过此时不是面对面地与人交谈，而是通过她在报纸上开设的专栏。她什么都说，包括她的房屋、新买的微波炉，她给扬买的外套，以及警察的丑闻、疯牛病等，仿佛她知道的都要和人们谈论一番。记者说她自恋，总是沉浸在自己的世界中，但是杜拉斯不在乎，甚至自夸道："作为一个作家，再也没有比自恋更勇敢的了。"

然而，杜拉斯的眼睛看不清楚了，很多事情都不能做，包括为朋友们缝制鞋垫、睡衣和做台灯罩；她的腿脚也不方便，很难再亲自出去买东西，这让她觉得自己一无是处。更让她伤心的是，罗贝尔在此时去世了，这个她视为挚友的前夫、兄长，先她一步离开了人世。她没有出现在罗贝尔的身边，也没有去参加葬礼，就像她爱着小哥哥却从来不曾去看过小哥哥的墓穴一样。

杜拉斯觉得巨大的无力感扑面而来，不知道如何去消化那些悲伤。好在这个时候，关于《情人》电影版权的问题占据了她的心思。先是美国人想要购买，不过杜拉斯觉得他们的报价太低，于是便向好朋友雅克·特洛奈尔咨询。这个曾经与杜拉斯合作过的副导演，当时正和克洛德·贝里合作，两人商量之后，建议杜拉斯将版权卖给他们。杜拉斯同意了，接着便亲自改写电影脚本。

电影投入拍摄时，雅克·特洛奈尔想模仿《卡车》的拍摄形式，即让杜拉斯面对镜头大声念出《情人》的文字。杜拉斯没有反对，开始在录音棚中忙碌，不过她很快就发现自已很难如此平静地念下去，里面的某些片段太过真实，她总是情不自禁地动容。此外，对于电影主题也有不同的看法，她不想拍成一部讲述自己初恋的电影，而是关于整个家庭的故事，也关于写作。

就在杜拉斯和贝里的看法产生冲突时，法国著名的大导演让—雅克·阿诺也加入到拍摄工作中。他没有根据杜拉斯改写的脚本进行拍摄，而是自己离析出了一个小女孩的故事：在充满异国情调的环境中，法国的白人小女孩当了中国富家少爷的情妇，这成为殖民地的一桩大丑闻，但却为流氓哥哥带来了金钱，女孩就在丑闻和补贴家用中艰难生存着。

显而易见，杜拉斯和阿诺的想法南辕北辙，但阿诺坚持认为剧情片比离散的旁白更加吸引人。于是，两人也从最初默契配合的状态演变成了针锋相对。杜拉斯一直骂着阿诺，说他偷走了自己所有的东西，但阿诺还是不肯让步。

和解的过程非常缓慢，中间签订了许多和平协议，不过都无济于事，最后，经过多方调解，总算达成了以金钱进行赔偿的方式：除去电影版权转让费150万法郎，杜拉斯还得到50万法郎的版权违约金和50万法郎的电影脚本违约金，不过，她同时也要签署一份写着"我停止所有写作工作，不反对电影制作"的文件。

电影总算能正常拍摄了，最后耗资一亿五千万法郎、历时七个月拍摄完成，其成本高昂到了令人惊叹的地步，不过它取得的成功也是巨大的，获得了第十八届法国恺撒奖和第六十五届奥斯卡奖，在观众中引起的反响和关注也是世界性的。

然而，杜拉斯却不感激阿诺，她对于电影没有按照自己改写的剧本进行拍摄，一直耿耿于怀，于是她另外又写了一本关于中国情人的作品，名字叫《来自中国北方的情人》。事实上，这本书就是根据她改写的《情人》电影剧本加工形成的，其在剧情上比原书丰富多了，不过文学性却大大不如前者。

或许杜拉斯也意识到这个问题了，尽管她一直号称从来没有看过《情人》的电影版，不过有一次与阿诺在饭店相遇后，她拥抱了这个为《情人》带来世界荣誉的导演，并在他的耳边说道："我实际上看过你的电影，非常美妙。"至此，两人的纠纷总算告一段落。

在《情人》之后，杜拉斯又做了不少计划，想将几个短篇小说拍摄成电影，尤其是对《80年夏》更有一种冲动，她甚至为电影想好了名字，就叫做《年轻姑娘和小孩》。

然而，年老的身体总归是有些力不从心，她很难再有力气拿着摄影机四处奔波了，最后，计划中的电影变成了新的文字作品《扬·安德烈亚·斯坦纳》。在内容上，还是《80年夏》中的主题，不过增添了杜拉斯与扬偶遇的故事，以及为扬而写的关于太奥朵拉的故事。

新书出版后，杜拉斯和扬特意到他们经常路过的一条道路上拍了照片，他们并排站在路旁的自主加油站前，一起看向大海。这个景象非常动人，充满着温情，就像杜拉斯说的

"我对扬的激情日日常新，早晨我看到他穿过房子，等着黑咖啡，我有一种从未见过他的感受"。

两人的感情很深刻，但时间并没有对杜拉斯网开一面，她越来越苍老了，同时还继续在担忧中不停地写作，她说："很多次，我们都害怕一张纸还没写满就要死了。"其实，她并不是害怕肉体的死亡，她更害怕的是写作的中断。

此时她很难再写出令人拍案叫绝的作品，比如 1993 年出版的《写作》就是类似报告的谈话，可读性不是很大。这也不难理解，病痛让她几乎难以说出一个完整的句子，更别说构思一部作品了，但她还是要写着，直到死神夺走她思考的权利。

然而，写作能暂缓死亡的到来吗？

杜拉斯从来没有如此奢望过，她都已经准备好了，只等着死亡的来临。她对这种感觉并不陌生，昏迷的时候她已经体验到了那种无声的寂静。

在这段特殊的时光里，扬一直陪在她身边，代她处理所有事物，也帮她过滤掉不必要的拜访。即使有一些不得不接见的采访，他也是全程守护着，防止采访者问出特别尖锐的问题，也帮助杜拉斯回忆。他很少再出门，即使出去了，活动范围不会超过圣伯努瓦街。

扬不想杜拉斯离开，一旦看到杜拉斯的状态不好，他就打电话给急救部门。杜拉斯很多次几次昏迷，都没有永远睡过去，她挺过来了。醒来后，她总是想要说话，有时是一些胡言乱语，但也会清醒着说出一些深刻的话。扬决定记录下来，当着杜拉斯的面不停地写着。于是，杜拉斯生前最后一本书就这样形成了，书名叫做《一切结束》。

作品于 1995 年 2 月出版后，在当时引起了很大的争议，很多人认为它是杜拉斯的死亡日记。的确，在这本对话录中，杜拉斯只谈到了死亡和她等待死亡时的一些想法。她说：

> 我还在。
> 我得走了。
> 我不知道把自己放在哪里。

这像是一种预言，书出版的第二年，即 1996 年 3 月 3 日，杜拉斯离开了人世。

她去世前明确地承认道："我非常爱我的母亲。"这个她在生前曾经否认过多次的事实，最终还是说了出来。甚至在与死神抗争时，她也是嚷嚷着叫道："我的母亲，我的母亲！"

在她心里，永远都没有忘记母亲。这一次，她就要与母亲见面了。

她离开的时候是睁着眼睛的，扬专门请来迪奥尼斯为她合上双眼。

对于迪奥尼斯，她也表明了心中的依恋之情。那是迪奥尼斯最后一次去看她的时候，她亲自开了门，长久地注视着迪奥尼斯，然后将他拥入怀中，说道："我们俩曾经非常相爱。"是的，她用了"曾经"。一切都过去了，杜拉斯知道什么也不会留下。

她最后一句话是对扬说的："我爱您。再见。"

扬哭了。

他不愿说再见，他希望自己能够永远守着她。

葬礼于 3 月 7 日在巴黎的圣日耳曼教堂举行。许多朋友、书迷都赶来了，他们想要送她最后一程。主持葬礼的司仪对扬说，他可以放一件物品在杜拉斯的棺材中，不过扬最终什么也没放，除了自己，他不知道还有什么能够陪伴杜拉斯的。

一切都结束了，杜拉斯再也不会说任何话，不会写下任何字，她被埋葬在蒙帕纳斯公墓中，墓前刻着"M · D 玛格丽特 · 杜拉斯 1914—1996"。

失去了杜拉斯，扬彻底封闭自己，拒绝见任何人，也拒绝任何采访。他终日酗酒、啼哭、哀嚎，甚至几次自杀，所幸最后无碍。三年之后，他出版了《情人杜拉斯》，纪念他和杜拉斯在一起的岁月，他在书中写道：

> 你总是说，
> 说爱我吧，你爱我吗？
> 请你原谅我，我爱你至死不渝。

附录　杜拉斯作品目录

　　《厚颜无耻的人》，1943 年，小说，布隆出版社，1922年伽利玛出版社再版。

　　《平静的生活》，1944 年，小说，伽利玛出版社。

　　《抵挡太平洋的堤坝》，1950 年，小说，伽利玛出版社。

　　《直布罗陀的水手》，1952 年，小说，伽利玛出版社。

　　《塔吉尼亚的小马》，1953 年，小说，伽利玛出版社。

　　《树上的岁月》，1954 年，短篇小说集，伽利玛出版社。

　　《街心花园》，1955 年，小说，伽利玛出版社。

　　《琴声如诉》，1958 年，小说，子夜出版社。

　　《塞纳–瓦兹的高架桥》，1959 年，戏剧，伽利玛出版社。

　　《夏夜十点半钟》，1960 年，小说，伽利玛出版社。

　　《广岛之恋》，1960 年，电影脚本，伽利玛出版社。

　　《长别离》，1961 年，电影脚本，伽利玛出版社。

《昂代斯玛先生的下午》，1962 年，短篇小说，伽利玛出版社。

《劳儿·V·斯坦茵的迷狂》，1964 年，小说，伽利玛出版社。

《戏剧——卷一》，1965 年，戏剧，伽利玛出版社。

《副领事》，1965 年，小说，伽利玛出版社。

《音乐》，1966 年，电影，与保尔·瑟邦合作执导。

《夏夜十点半钟》，电影，与于勒·达辛合作执导。

《英国情人》，1967 年，小说，伽利玛出版社。

《英国情人》，1968 年，戏剧，伽利玛出版社。

《戏剧——卷二》，1968 年，戏剧，伽利玛出版社。

《毁灭吧，她说》，1969 年，小说，子夜出版社。

《毁灭吧，她说》，第一部独立执导的电影，伯努瓦·雅戈发行。

《阿邦·萨芭娜和大卫》，1970 年，小说，伽利玛出版社。

《爱》，1971 年，小说，伽利玛出版社。

《黄色太阳》，1971 年，电影。

《娜塔丽·格朗热》，1972 年，电影。

《印度之歌》，1973 年，电影，戏剧。

《恒河女子》，1973 年，电影，伯努瓦·雅戈发行。

《谈话者》（与克萨维耶尔·高提埃对谈），1974 年，子夜出版社。

《巴克斯泰尔，蔽拉·巴克斯泰尔》，1976 年，电影。

《加尔各答的荒漠里她的名字叫威尼斯》，1976 年，电影，伯努瓦·雅戈发行。

《树上的岁月》，1976 年，电影，伯努瓦·雅戈发行。

《卡车》，1977 年，电影。

《卡车》（收与米歇尔·波尔特对谈），1977 年，剧本，子夜出版社。

《玛格丽特·杜拉斯的领地》，1977 年，小说，与米歇尔·波尔特合作，子夜出版社。

《伊甸影院》，1977 年，戏剧，商神出版社。

《黑夜号轮船》，1978 年，电影。

《黑夜号轮船》，1978 年，法国水星出版公司。

《塞扎蕾》，1979 年，电影。

《墨尔本奥蕾里娅·斯坦纳》，1979 年，电影。

《温哥华奥蕾里娅·斯坦纳》，1979 年，电影。

《薇拉·巴克斯泰尔或大西洋海滩》，1980 年，信天翁出版社。

《坐在走廊上的男人》，1980 年，短篇小说，子夜出版社。

《绿眼睛》，1980 年，《电影日志》。

《80 年夏》，1980 年，子夜出版社。

《阿加莎》，1981 年，子夜出版社。

《阿加莎或无限阅读》，1981 年，电影。

《外面的世界——卷一》，1981年，阿尔班·米歇尔出版社。

《年轻姑娘和小孩》，1981年，录音磁带，扬·安德烈亚自《80年夏》改编，玛格丽特·杜拉斯朗读。

《大西洋人》，1981年，电影。

《大西洋人》，1982年，短篇小说，子夜出版社。

《罗马对话》，1982年，电影。

《萨瓦纳海湾》，第一版1982年，增补版1983年，子夜出版社。

《死亡的疾病》，1982年，短篇小说，子夜出版社。

《戏剧——卷三》，1984年，伽利玛出版社。

《情人》，1984年，小说，子夜出版社。

《音乐之二》，1985年，戏剧，伽利玛出版社。

《契诃夫的海鸥》，1985年，戏剧，伽利玛出版社。

《孩子们》，1985年，电影，与让·马斯科罗和让·马克·图里纳合作。

《痛苦》，1985年，P. O. L出版社。

《蓝眼睛黑头发》，1986年，小说，子夜出版社。

《诺曼底海岸的妓女》，1986年，子夜出版社。

《物质生活》，1987年，P. O. L出版社。

《爱米莉·L》，1987年，小说，子夜出版社。

《夏雨》，1990年，小说，P. O. L出版社。

《情人》，1990年，电影，让－雅克·阿诺执导。

《来自中国北方的情人》，1991 年，子夜出版社。

《扬·安德烈亚·斯坦纳》，1992 年，P. O. L 出版社。

《写作》，1993 年，伽利玛出版社。

《一切结束》，1995 年，P. O. L 出版社。

《小说，电影，戏剧，1943 年—1993 年回顾》，1997 年，伽利玛出版社。